9割の社会問題はビジネスで解決できる

ボーダレス・ジャパン社長
田口一成

PHP

ビジネスで世界は変わった。

人々の生活はより便利になり、
いまや世界はモノや情報で溢れている。

しかし、同時に多くの社会問題が生み出されている。

人々の生活を豊かにしようとしたビジネスは、
いつの間にか、人々や自然を苦しめている。

利益を追求するビジネスは、
世界中で大きな格差を生み出している。

いま、ビジネスが変わるとき。

はじめに

「いったい何のために働いているんだろう？」

「日々忙しく働いているけれど、
自分の仕事は本当に社会を良くしているんだろうか？」

多くの人が、そんなモヤモヤを胸のどこかに抱えながら、日々仕事を頑張っているのではないでしょうか。「私の仕事は社会を良くしている」と胸を張って言える人のほうが珍しいと思います。

一方で、世の中には様々な「社会問題」が存在しています。

貧困問題、地球温暖化、人種差別、性差別、難民問題、限界集落、耕作放棄地……。あなたも日々、何かしらの問題を目にしたり耳にしたりしているはずです。

でも、そんな社会問題が起こっていることを知った時、こんな思いをしたことがないでしょうか？

「なんとかしたいとは思うけど、自分にはどうすることもできない……」

非営利組織に転職したり、ボランティアとして関われば貢献できるのかもしれない。でも、定年後ならまだしも、今は生活が最優先。家族があるから稼ぎも必要。今の会社を辞めるわけにはいかない。そもそも、自分一人がどうにかしようと思ったところでどうにもならない、あまりにも非力すぎる……。

そんな無力感を覚えていると、すぐに日常のあれやこれやが押し寄せてきて、結局何も変わらないまま、ただいつもの忙しい日々が過ぎていく。でも、モヤモヤだけがずっと心のどこかに残ってしまっている……。
そんなことってありませんか？
そんな状況であなたは偶然この本に出会い、今読んでくださっているのかもしれません。

「そういうお前はいったい何者なんだ?」

そんなふうに思われた方もいるかもしれません。

僕の自己紹介をする前に、みなさんに一つ質問です。

もしこんな問題が目の前にあったら、みなさんならどうしますか?

①外国人が部屋を貸してもらえない

日本に来た外国人が部屋を借りられず困っている。外国人はルールを守らない、うるさいといった偏見や、保証人を立てられないなど、いろいろな理由で外国人の入居拒否が起こっています。

こうした問題を知ってなんとかしたいと思ったとき、みなさんならどうしますか? 不動産屋さんに一緒について行って、部屋探しを手伝ってあげますか? それとも、人種差別だと声をあげますか?

②ミャンマーの農家が生活に苦しんでいる

ミャンマーの僻地(へきち)にある小さな村で、小規模農家たちが生活に苦しんでいます。260世帯ほどある農家のほとんどは葉巻たばこの葉っぱ(タナペ)の生産で生計を立てていますが、葉っぱに穴があくと商品価値が下がるため、虫がつかないように大量の農薬を使っています。それによる健康被害が農家を苦しめています。

また、農薬や化学肥料など栽培コストは上がっていくのに、タナペの買取価格は年によって変動が激しく、収入は極めて不安定。多くの農家は仲買人からの借金が膨らみ生活が苦しく、家族の誰かが都会や隣国に出稼ぎに行かないと暮らしていけません。タイに出稼ぎに行った息子とは連絡がとれないと嘆く父親がいます。

村人はみんなこの貧困状態から抜け出したいと強く願っていますが、どうすればいいか分からない。さて、みなさんならどうしますか?

これらは、いずれも僕の前で実際に起こっていた問題でした。

多国籍コミュニティハウス「BORDERLESS HOUSE」の入居者たち。グローバル市民を育むことを事業の目的に掲げており、世界110カ国以上の人々が暮らしている

①の問題を知ったとき、せっかく日本に来てくれた外国の人たちに部屋を貸さないなんておかしい、と僕は憤りを感じました。それで大家さんに、「僕が家賃保証をするから、そのうえで僕が外国人たちに部屋を貸すならいいですよね」と話をしました。

一方で、外国人留学生たちにも話を聞いてみると、彼らは口々に「日本人の友達が欲しい」と言いました。せっかく日本にやってきたのに、彼らは部屋を借りられないだけでなく、日本人と交流する機会がなかったのです。

そこで、日本人と外国人が一緒に暮らすシェアハウスをつくることにしました。この事業を始めた2008年当時は、「シェアハウス」という言葉すら聞いたことがない人がほとんどで、大家さんの理解を得るのに苦労しましたが、今では東京都内に57棟、大阪、京都、韓国、台湾を合わせて約100棟を運営しています。

これまでに世界111カ国から約1万4000人が、この多国籍シェアハウスで暮らしています（2021年3月現在）。僕たちのシェアハウス事業は、今や外国人の住居問題の解決にとどまらず、多文化共生社会の実現という新たな目標に向かって歩みだしています。


では、②の問題はどうでしょう。

僕たちは、葉巻たばこの葉っぱの代わりに、農薬を使わないハーブ栽培を村の人たちに提案しました。彼らが作ったハーブを買取保証し、ハーブティとして日本で売る事業をスタート。村人たちが借金をしていた仲買人とも話をして、僕たちが借金を立て替え払いする代わりに、仲買人にはこの村から手を引いてもらいました。

同時に、村の一角に土地を借りて、この土地に合ったハーブの品種を見定めるためにテスト栽培を1年間実施。そのために有機農法の専門家を採用し、村の人たちに栽培方法を一から教えるだけでなく、収穫したハーブをカットし乾燥させるための工場も近くに建てました。


でも、問題はここからです。こうやって作ったハーブを売ろうにも、日本でハーブティを飲んでいる人がほとんどいませんでした。みなさんも毎日飲むのは、水やお茶、コーヒーば

ミャンマー・リンレイ村の人たち。農薬を使わないハーブ栽培に切り替えたことで健康被害がなくなり、環境にも優しい、持続可能な農業が行われるようになった

かりではないでしょうか。ハーブティの市場が日本にはほとんどなかったのです。

さてどうするか？

そこで僕たちは、妊娠中と授乳期専用のハーブティを作りました。妊娠中と授乳期間の約2年間、ママたちはカフェインが入っているお茶やコーヒーを控えるため、飲み物に困っていました。また、母乳不足というこの時期ならではの悩みもありました。

これらの悩みを解決するため、日本の助産師とイギリスのメディカルハーバリストの協力を得て、ママ専用のハーブティを共同開発したのです。

このハーブティは、妊婦さんや産後ママの間で口コミで広がり、今では全国の10％以上

妊娠・授乳期専用ハーブティ「AMOMA natural care」。口コミで広がり、今では全国の10%以上の産婦人科病院で配られている

の産婦人科病院で配られています。

また、このハーブの買取価格は、市場価格ではなく、生活費や栽培コストなどをもとに農家に必要な価格「ファーマーズプライス」で買い取りしていて、現在は年間10〜15トンのハーブを輸入しています。

農薬を使わずに栽培しているので、村人の健康被害もなくなり、環境にも優しい農業が行われるようになっています。

いま紹介した2つの事業は、僕たち、ボーダレスグループが行っている40の事業の一部です。これらはボランティアではなく、どれもビジネスとして取り組んでいるものです。

ボーダレスグループは、ビジネスによっ

ボーダレスグループの業績推移

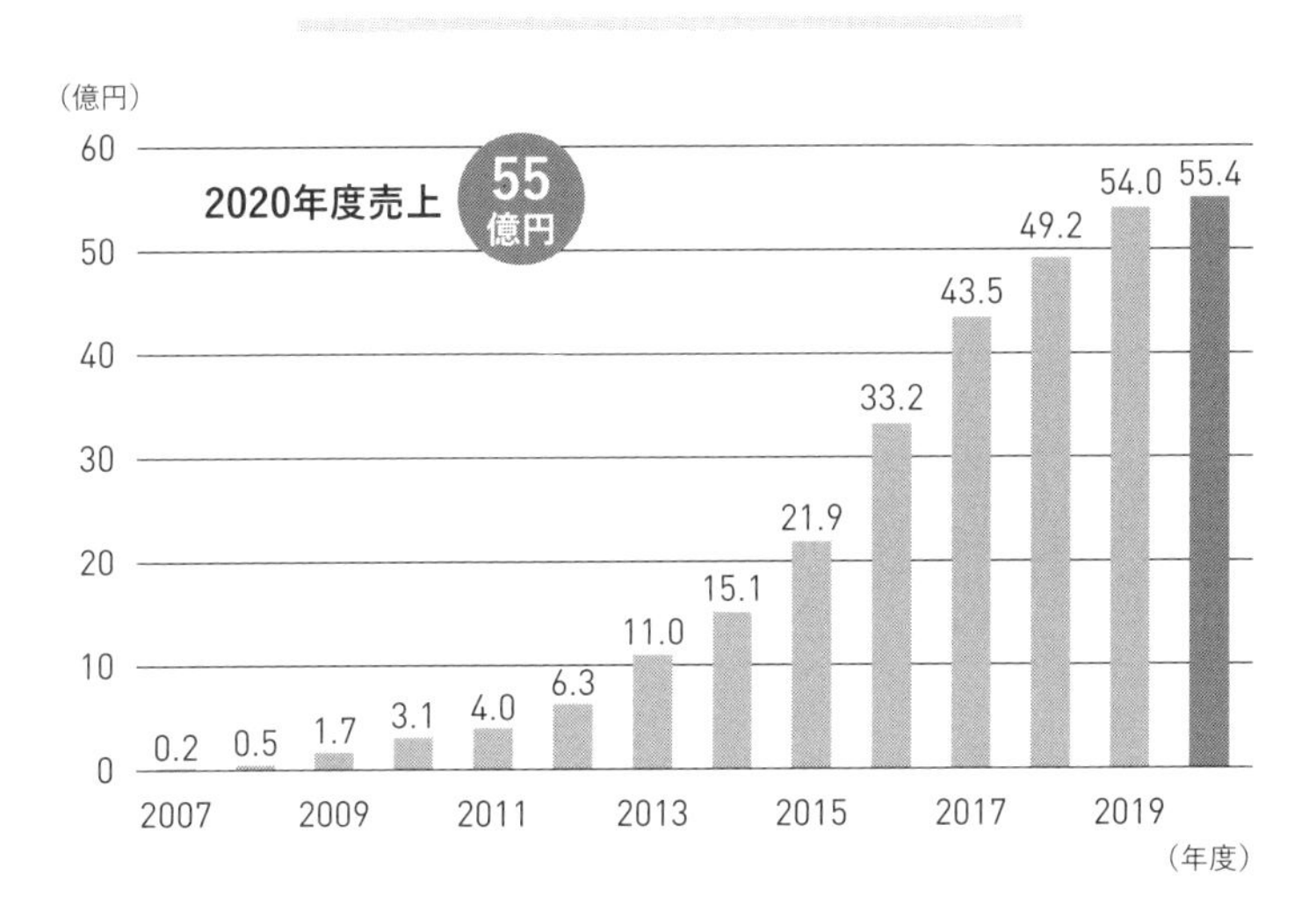

て様々な社会問題を解決することに挑戦しています。２００７年に創業し、２０２０年度の年商は55億円、世界15カ国で約１５００人が働いています（２０２１年４月現在）。**災害時の緊急支援といった一部のケースを除き、多くの社会問題の解決においてビジネスという手法はとても有効**だと思っています。

　ボーダレスグループは「自分はこんな社会問題を解決したい」という志を持った起業家が集まる「社会起業家のプラットフォーム」です。

　先ほど「40の事業」と書きましたが、それぞれが独立した株式会社で、「40人の社長」がいます。各社が独立経営を行いながらも、資金やノウハウをお互いに提供し合う、相互扶助の仕組み「恩送り経営」が大きな特徴です。

こうしたボーダレスグループの取り組みは、２０１９年にグッドデザイン賞（ビジネスモデル部門）に選ばれ、２０２０年にはカンブリア宮殿で放送されました。

これをきっかけに、ＳＤＧｓに取り組みたい企業、国や地方自治体、社会起業家の輩出を目指す大学などから「社会問題を解決するビジネスのつくり方」「社会起業家の育成方法」「年間10社以上が立ち上がる仕組み」について講演の依頼をいただくようになりました。

これまでは「社会問題に取り組む仲間が一人でも増えれば」と時間の許す限りお応えしてきましたが、最近ではそれも難しくなってきました。そこで、すべてをこの本にまとめることにしました。

第1章では、社会問題を解決するビジネスを次々と生み出し、また社会起業家同士がお互いに支え合う独自の仕組みを、第2章ではそれらがどういう試行錯誤の中で生まれてきたかを紹介していきたいと思います。

私たちは
ボーダレス・グループです

BORDERLESS

BORDERLESS HOUSE

BUSINESS LEATHER FACTORY

POST & POST

BORDERLESS FARM

八百屋 竹 竹下屋

夢中教室 WOW!

いえとしごと

UNROOF JAPAN

みらい畑 MIRAIBATAKE

TOÏRO

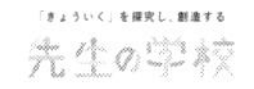

Haruulala organic

JOGGO

宝牧舎

BORDERLESS LINK

Enter the E

マザーアーチ

ステップ就職

AYUMI desde Japon

BLJ Apparels Ltd.

BLJP Foods Inc.

Bangladesh Leather Inspection

BLJ Bangladesh Corporation

BLJ Footwear Limited.

Island Honey Works

ボーダレスグループ各社のロゴ一覧。それぞれ独立した株式会社が、資金やノウハウなどをお互いに提供し合う「社会起業家のプラットフォーム」

「ああ、よくある起業家のサクセスストーリー本ね……」

そう思ってこの本を閉じようとした人がいたら、もう少しお付き合いください。

冒頭で「自分はいったい何のために働いているのか」というモヤモヤの話をしました。モヤモヤしているということは、今の状況をなんとかしたい、と思っているということです。

ぜひ、そのモヤモヤを社会のために使っていただけないでしょうか。

ボーダレスグループでは「1000人の社会起業家を生み出し、1000の社会問題を解決すること」を目標にしていますが、世の中にはもっとたくさんの社会問題があります。社会を良くしていくペースをもっと上げていかなければいけない。このままのペースでは、今困っている人みんなを助けられない、気候変動を止められない、子どもたちに明るい将来を約束できない。

ボーダレスグループだけでできることは限られています。だから僕は、社会起業家の仲間、社会問題を解決するためにビジネスを始める人や企業が増えることを願っています。

詳しくはあとで述べますが、様々な「非効率」を前提とするソーシャルビジネスは、今までのビジネスとはまったく違うアプローチから始まり、これまでより少し難易度が高いのも事実です。それゆえ、社会のためにと立ち上がった人たちが失敗していくのをたくさん見てきました。

そこで後半の第3章・第4章では、40の事業を立ち上げる中で培ってきた独自のプランニングメソッド「ソーシャルコンセプトから始める」など、社会問題をビジネスで解決するためのノウハウを紹介します。

社会起業家をめざす人はもちろんですが、一般の企業の新規事業でもきっと役立つはずです。今の会社に勤めながら、まずは副業として、2〜3人の仲間とともに小さなマイプロジェクトを立ち上げる方法だってあります。

みなさんが働いている業界や会社で、「これはおかしいな、社会にとって問題だな」と感じていることはないでしょうか。そうしたビジネスが引き起こしている問題を解決できるのも、またビジネスです。

いま必要なのは、ビジネスを「リデザイン」することなのです。

「でも、結局は、ビジネスの目的はお金儲けだよね……」

そう思われる方も多いでしょう。

企業の社会的責任が問われて久しく、本業とは別に社会貢献活動を行うCSR、そして最近ではSDGsに取り組む企業が増えてきました。とてもいいことです。しかし、「利益を出し、雇用をつくり、経済を回すことが、一番の社会貢献だ」という言葉を盾に、売上・利益の最大化を目的とするビジネスの本質は変わることはありませんでした。

その結果が、今ここにある大量生産・大量消費・大量廃棄の世界。たしかに経済の拡大とともに、生活は豊かになり、欲しいものは何でも手に入る時代になりました。外に出れば24時間営業のお店がある。欲しい時に欲しいものを食べ、好きな服を買える時代になりました。次から次に新しい商品やサービスが生まれ、衣食住がそろった便利な社会になりました。

でも、私たちは幸せになったのでしょうか？

産業活動の発展と引き換えに、二酸化炭素の排出量は増え続け、産業革命前に比べて大気中のCO_2濃度は40％も増加。深刻な地球温暖化を招いています。繰り返し起こる異常気象や感染症の拡大など、私たちの暮らしにも大きな影響が出始めました。

そして、広がり続ける所得格差。日本の子どもの7人に1人が貧困状態にあると言われています。増え続けるひとり親世帯の貧困率は約50％に上ります。

5人に1人が生涯のうちに何かしらの精神疾患、15人に1人がうつ病にかかると言われています。日本人の若年層の自殺率は世界でトップクラス。15歳から39歳の死因の第1位が自殺という悲しい事実。


「衣食住足りて、不幸せ」になってしまってはいないだろうか？


人々の生活を豊かにしようとしたビジネス。いま改めてその目的に立ち返る時です。

包丁は、愛する人においしい料理をつくるためにも使えれば、人を傷つけることにも使えるように、すべては使い方次第です。経済発展・効率の追求をするあまり、たくさんの人を置いてきぼりにしてきたビジネスを、今度は「誰一人取り残さない社会」をつくるために使う。ビジネスの使い方を変える時がきました。

ビジネスが引き起こしてきた問題は、ビジネスが変わることで解決できる。

今こそ、ビジネスの真の価値が問われる時です。

9割の社会問題はビジネスで解決できる　目次

はじめに　5

第1章　「社会問題を解決するビジネス」を次々と生み出す仕組み

そもそもソーシャルビジネスとは？　従来のビジネスと何が違う？　32
資本主義の本質は「効率の追求」。そこから取り残される人がどうしても出てくる　34
非効率を含めてビジネスをリデザインする　36
善意で買ってもらえるのは1回まで　38
社会問題解決が「目的」、儲けることは「けじめ」　39
社会起業家の数＝解決できる社会問題の数　41
「社会起業家のプラットフォーム」となる会社をつくろう　43
ソーシャルビジネスをたくさんつくる仕組み①　起業家採用　46
ソーシャルビジネスをたくさんつくる仕組み②　資金提供　48
ソーシャルビジネスをたくさんつくる仕組み③　スタートアップスタジオとバックアップスタジオ　50
世の中にあるいいアイデアが、なぜ世界に広がらないのか　53

世界に広げていく仕組み①　恩送りのエコシステム――余剰利益は共通のポケットに　57
世界に広げていく仕組み②　共同体経営――グループの全社長による合議制　60
世界に広げていく仕組み③　独立経営――採用も報酬も自分で決定　64
MM会議――起業家は「自立」したいが「孤立」したいわけではない　65
キャッシュフロー経営――資金が尽きたら一旦終了　68
出資額を超える株主配当は一切しない　71
経営者の報酬は一番給与の低い社員の7倍以内　74
ソーシャルインパクト――売上・利益よりも重要な独自の指標　76
売上1兆円のグループへ　78
目指すのは「スイミー」のような組織　80
【Q&A】ボーダレスグループの「リアル」。よくある質問・疑問に答えます！　82

第2章 この〝仕組み〟がどうやって生まれたのか。その実験の歴史

1. ソーシャルビジネスにたどり着くまで 101

「人生の使い道」を模索していた大学時代に、貧困問題に出会う 101
「貧困問題を解決したいなら、自分でお金をコントロールできるようになりなさい」 103
アメリカ留学で学んだことはビジネスではなかった 104
帰国後、起業を目指したが……投資家から「社会貢献は儲かってから」と言われる 109
採用面接で「3年で辞めます」と言ってミスミに入社 111
同期と意気投合し、将来一緒に会社を立ち上げようと誓う 112
起業するも、寄付できたのはたったの7万円 116
「ビジネスそのもので社会問題を解決できる!」という気づきが大きな転機に 118

2. ソーシャルビジネスしかやらない会社へ 122

家族、親戚はおろか、社員の親にまで借金 122
人生唯一の後悔 124
こんな苦労を他の社会起業家にはさせたくない 126

「BORDERLESS HOUSE」は不動産事業ではなく、
国際平和の礎となる多国籍コミュニティづくり 127
ついに貧困問題を解決する事業に着手。ハーブのフェアトレードに決定 129
フェアトレードやオーガニックの認証コストも払えない小規模農家がたくさんいる 132
ハーブティの需要の少なさに愕然とするも、「授乳期の母親たち」の隠れた課題を知る 134
サンプルを持って、産婦人科病院に飛び込み営業 137
ミャンマー僻地の村でハーブ栽培をスタート。ところが、参加した農家はごくわずか…… 138
村のすべての農家が一様に貧しいわけではなかった 142
市場価格ではなく、農家希望価格で買い取る 144
本当に「助けたい人」のためになっているか 145
バングラデシュで「牛革」にいきつくまで 146
革職人に弟子入りし、革製品のつくり方を一から学ぶ 151
「BUSINESS LEATHER FACTORY」のビジネスプランを3日で書き上げる 154
ソーシャルビジネスは、失敗できない闘い 157

3. 社会起業家のプラットフォームへ 161

「1年に1事業」のペースでは遅すぎる！ 社会起業家をサポートする体制にシフト 161

コルヴァ危機（別名3億円事件）発生 163
マイルストーン経営を始めるも機能せず 166
売上の成長スピードを犠牲にしてでも、一人ひとりの社長に全面的にまかせる 168
リーダーの仕事は、みんながワクワクする絵を描くこと 170
鬼コーチだった僕が、教えることをやめた理由 171
グループ外からも社会起業家を募るように 173
企業カルチャーの共有を見直すきっかけとなった「福岡オフィスの開設」 176
ボーダレスグループは国連。ビジョンと目的さえ共有していれば、加盟国（各社）の文化はそれぞれでいい 178
仕組みは変えていくもの。実験を繰り返して磨かれ進化し続ける 182

第3章 「社会問題を解決するビジネス」のつくり方

プランニングのゴールは、「1枚のシート」を完成させること 186
大原則「ビジネスモデルの前に、まずソーシャルコンセプト」 191
ソーシャルコンセプトがなぜそんなに重要なのか 193
テーマの「ベスト探し」をやめて、まずは動いてみよう 195

テーマ選びに原体験はいらない　198

1. ソーシャルコンセプトを考える　201

社会問題の「現状」「理想」「対策」を徹底的に考える　201
1─1【現状】のチェックポイント──対象者の顔が見えるか？　204
1─1【現状】のチェックポイント──課題は明確か？　208
1─1【現状】のチェックポイント──課題の本質的原因か？　210
1─2【理想】のチェックポイント──景色として目に浮かぶか？　212
1─3【HOW】のチェックポイント──原因に対する対策になっているか？　214
イケてないソーシャルコンセプトにならないように、「本当のようなウソ」に気をつける　218
社会問題の本質的原因に対する独自の切り口が、独自の社会ソリューションへ　221
当事者ヒアリングのコツは「行動」を聞くこと　222
最低でも10人には話を聞く　226

2. 制約条件を整理する　228

ビジネスモデルを考える前に、やるべきことがある　228

3. ビジネスモデルを考える　232

制約条件をクリアするビジネスモデルを考える　232
ビジネスモデルを考える上でのポイント（3―1～5それぞれのポイント）　236
ビジネスモデルの良し悪しを見極めるチェックポイント　243
ビジネスモデルは、修正、修正を繰り返す　244
ソーシャルインパクトを設定する　247

第4章　ビジネス立ち上げ後の「成功の秘訣」

立ち上げ期には「誕生期」「ハイハイ期」「よちよち期」がある　256
「勝ちシナリオ」が見つかるまでは、仮説・検証をひたすら繰り返す　260
打ち手のアイデアが出ない時は、素直に周りの力を頼ろう　262
成長期に入るまでは、絶対に社員を雇ってはいけない　264
月に1度の経営会議では、ここをチェックする　267
違和感はスルーしない　270

【ケース①：先生の学校】 273
【ケース②：八百屋のタケシタ】 280
【ケース③：RICE】 288
【ケース④：ZERO PC】 296
【ケース⑤：Enter the E】 305
【ケース⑥：腸活ミニ野菜】 313
事業が成功するかどうかは、続けるかどうかにかかっている 320
赤字会社がトライし続けるためのペイシェントマネー 321

終章 一人ひとりの小さなアクションで、世界は必ず良くなる

社会起業家と社会投資家をつなぐ「ソーシャルビジネス経済圏」をつくる 324
社会起業家を増やすためのヒントは、芸人にある？ 327
数百、数千という会社数になっても、合議制は変えない 330
ボーダレスグループの仕組み自体をグループ外にも広げていく 331
創業者が長くいるのはよくない。代表は任期制がいい 335

まずは一人ひとりが「ちゃんとした消費者」になる 338
小さな「マイプロジェクト」を立ち上げてみよう 341
みんなが「ハチドリのひとしずく」の精神で 343

第1章

「社会問題を解決するビジネス」を次々と生み出す仕組み

２００７年に創業したボーダレスグループは、２０２１年４月現在、世界15カ国で40の事業を展開しています。

それぞれは独立した株式会社で、それぞれ社長＝社会起業家がいます。この３年間で24人の社会起業家が誕生しました。

どの会社も社会問題を解決するためのビジネスである点は共通していますが、事業領域は農業、教育、製造業、アパレルなど多岐にわたります。なぜそんなことが可能なのか。第１章では、社会起業家を次々と生み出す独自の仕組みを紹介します。

そもそもソーシャルビジネスとは？ 従来のビジネスと何が違う？

ボーダレスグループは、**ソーシャルビジネスしかやらない会社**です。

そう聞いて、「そもそもソーシャルビジネスとは何か。従来のビジネスだって社会の役に立っている。それとどう違うのか」と疑問を持たれた方もいるでしょう。

まずは、僕たちが考えるソーシャルビジネスの定義から説明していきたいと思います。

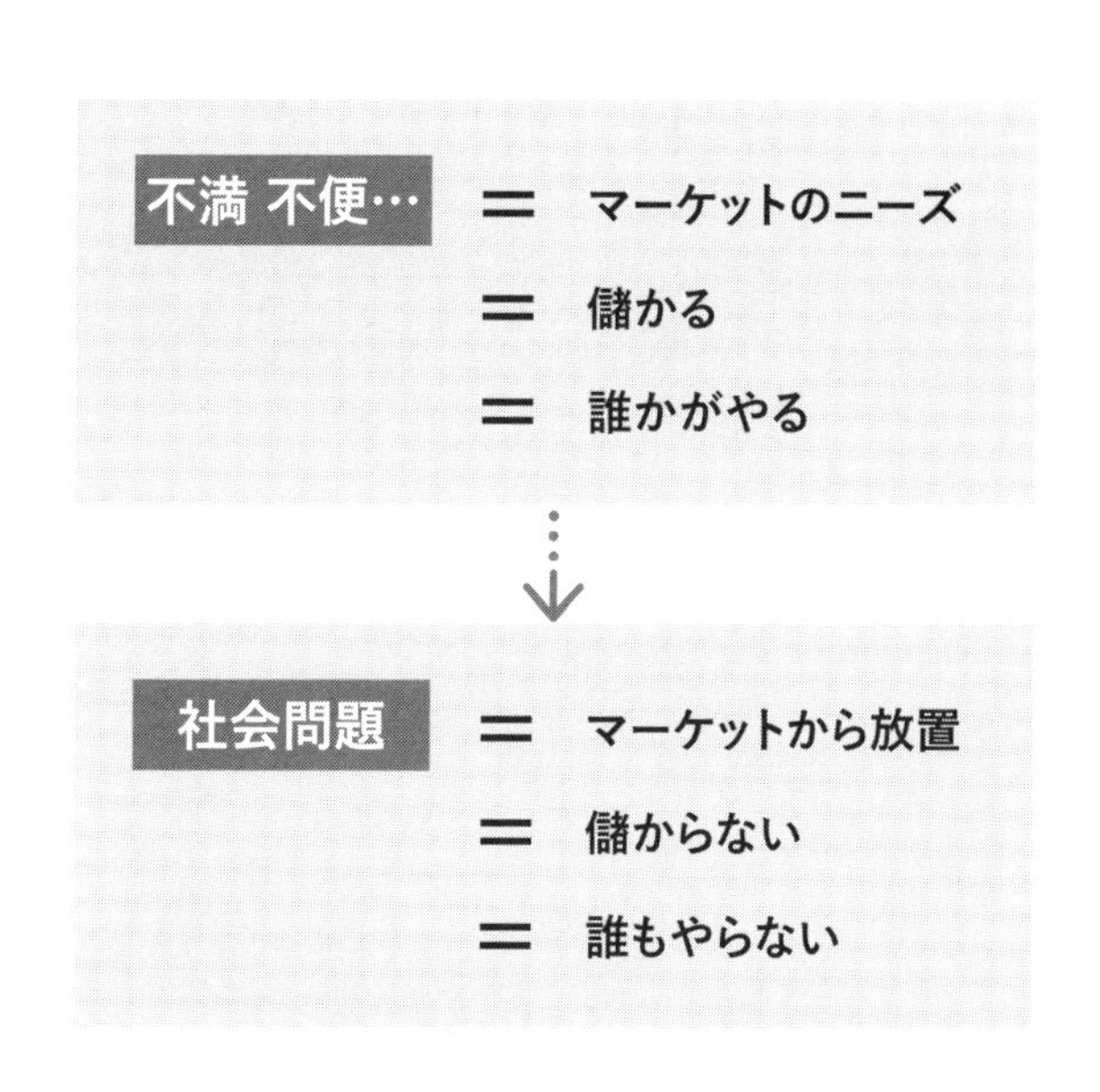

あらゆるビジネスは、社会の何らかの課題を解決するためにあります。すべての商品やサービスは、人々が感じる不満や不便などを解消していて、どの会社も社会に必要とされているから存在しているのです。

では、社会の「不」を解消するビジネスであれば、ソーシャルビジネスかと言えば必ずしもそうではありません。

従来のビジネスが対象とする「不」は、基本的にマーケットニーズがあるものです。その不満や不便を解消してくれることに対して、十分なお金を払える人たちを対象としています。

そうしたお金を払う準備のある「不」を解消するビジネスはある程度は儲かるので、いずれ誰かがやってくれます。

一方、**ソーシャルビジネスが取り扱うのは、「儲からない」とマーケットから放置されている社会問題**です。

たとえば、貧困、難民、過疎化、食品廃棄……。これらは見過ごすことのできない重大な問題ですが、儲かる分野ではないので誰も手を出そうとしません。こうしたマーケットから取り残されている社会問題にビジネスとして取り組むのがソーシャルビジネスなのです。

資本主義の本質は「効率の追求」。そこから取り残される人がどうしても出てくる

マーケットから取り残されるとはどういうことか、具体例を挙げてもう少し説明します。

あなたがアパレル工場の経営を始めたとします。工場ではミシンを使って服をつくり、依頼元のメーカーに納品します。さて、あなたはどんな人を雇いますか?

おそらく、手先が器用で物覚えが良く、1日8時間・週5日働ける人を雇いたいと考える

でしょう。反対に、体の不自由な人、時短勤務を余儀なくされる人や高齢者、言葉の通じない外国人などは積極的には雇わないと思います。

それはなぜか。作業効率が悪くなるからですよね。

もう一つ例を挙げましょう。これから農業経営を始めるとします。好きな場所を選べるとしたら、どこで農業を始めますか？

大消費地に近く、トラクターを使って一気に作業ができる広い土地がいい、と考えるのではないでしょうか。消費地から遠く離れた山間部の狭い土地をわざわざ選ばないはずです。なぜなら、効率が悪いからです。

資本主義社会におけるビジネスの本質は、一言でいえば「効率の追求」です。

ビジネスに携わる人ならご存知のように、商品の売値を上げるのは容易ではありませんから、普通は徹底した効率化でコストを下げて利益を確保しようとします。

ビジネスとしては当たり前の行為かもしれませんが、みんなが効率を追求すればするほど、効率よく働けない人や地域がマーケットから取り残されていく。つまり、**効率の追求という資本主義の基本原理が様々な社会問題を生んでいる、**とも言えるのです。

非効率を含めてビジネスをリデザインする

「こうした社会問題を解決するのは、政府や自治体、ＮＰＯ、あるいは市民団体がやることではないか」と思っている人も多いかもしれません。

もちろん、公的な支援や善意によるサポートはとても重要です。

でもそれだけでは十分でなく、**ビジネスパーソンこそがその解決に挑戦すべき**だと考えています。なぜなら、非効率だからと置き去りにされた人や地域も含めた形でビジネスをデザインし直さなければ、根本的な解決にはならないからです。

どんな問題も、その本質的な原因に対して対策を講じなければ、根本的な解決にはなりません。もし行政が問題の原因ならば行政に手を打つべきですし、法制度がそうならば法制度を変えることが対策になります。

効率を追求するあまり、取り残されてしまう人や地域が出てくるというビジネスのあり方こそが原因なのであれば、そのビジネスにおいて対策を講じることが本質的な解決策です。

すなわち、**非効率をも含めて経済が成り立つようにビジネスをリデザインする**ことです。

たとえば、こういうことです。

従来のビジネスでは、体の不自由な人や高齢者はなかなか雇いません。また、雇用したとしても、給料は低くなっています。できる作業が限られていたり、作業のスピードが遅いことがあるからです。

そこでソーシャルビジネスが挑戦するのは、そういった方が無理のないスピードで作業しても、十分な給料を払えるようにビジネスをデザインすることです。そのためには、そのコストをまかなうだけの高い価格でも買ってもらえる付加価値の高い商品を開発する必要があります。これは簡単なことではありませんが、最初からそれを前提にビジネスを設計しておけば実現可能なのです。

社会的活動を事業として成立させることができれば、公的支援に頼らず、経済的に自走できるようになります。事業が成長すれば、たくさんの雇用を生み出し、その課題解決に従事する人も増えます。事業として取り組むことでより早く、さらに大きなインパクトを生み出すこともできるようになります。

善意で買ってもらえるのは1回まで

ビジネスとして取り組むべき理由をもう一つ加えるとすれば、生活者が消費活動を通して社会問題の解決に貢献できるようになるということです。NPOへ寄付する形での社会貢献もあれば、たとえば障がいのある人が作った製品を買うことでも、障がい者の雇用づくりに貢献することができます。生活者にこうした選択肢をたくさん提供することも、ビジネスだからこそできる、とても大切な役割だと思っています。

このとき気をつけなければいけないのは、**善意だけで買ってもらう商品やサービスは長続きしない**ということです。お客さんは最初は社会貢献という意味合いで買ってくれることがありますが、1回買うとその善意は満たされてしまい、単発的な関係で終わってしまうことも少なくありません。

「社会貢献になるから買う」だけではなく、シンプルに「モノがいいから、サービスがいいから買う」という要素がないと、選び続けてもらえないのです。

つまり、**非効率を含んだビジネスでありながら、「これ最高だよね」と生活者が買い続けたくなる商品やサービスをいかに提供していくのか。**ここがソーシャルビジネスに挑戦するビジネスパーソンの腕の見せどころでもあります。

簡単ではないけれど、やりがいはとてつもなく大きいです。だから、**一流のビジネスパーソンこそ、社会問題をビジネスで解決することに挑戦してほしい**と思っています。

社会問題解決が「目的」、儲けることは「けじめ」

こうしたソーシャルビジネスを立ち上げ、実践する人のことを「社会起業家」と呼んでいます。

もともと「経済」という言葉は、「経世済民（けいせいさいみん）」を語源としていて、「世の中をよく治めて人々を苦しみから救うこと」という意味があるそうです。それならば、わざわざ「社会起業家」と区別しなくてもよさそうですが、この2つはスタート地点が少し違います。

一般的なビジネスは、「マーケットニーズは何か、これから大きく成長する市場はどこか」を探して事業領域を決めていきます。つまり、マーケットニーズが起点です。

それに対して社会起業家は、「マーケットニーズがあるからここでやる、ないからやらない」ではなく、解決すべき社会問題があるところで起業します。そのうえで、利益が出るように工夫していく。彼らがつくっているのは、社会ソリューションであって、あくまでも「ビジネス」は手段にすぎない。**社会起業家は、ビジネスという手段を使った社会活動家なのです。**

勘違いしないでおきたいのは、「社会起業だから儲けなくてもいい」と言っているわけではないということです。理想の社会は一朝一夕にはやってきません。継続的に活動を行うために、そしてより大きな社会的インパクトを出すためには、しっかり経営していく必要があります。本当に困っている人の生活や環境を変えようとする社会起業は、「儲からないから続けられませんでした」なんてことは許されません。

利益が出る仕組みをつくることは、社会起業家にとっての、いわば「けじめ」です。

社会起業家の数＝解決できる社会問題の数

社会問題を解決するために起業する「社会起業家」が増えるほど、解決される社会問題の数も増えていきます。仮に**社会起業家が１０００人生まれれば、１０００の社会問題を解決できます。**だから、より多くの問題を解決するには、より多くの社会起業家が誕生する必要があります。

しかし、先ほども述べたように、社会問題を解決するためのビジネスは非効率を含んだうえで成立させなければいけないため、従来のビジネスよりも少し難易度が高くなります。

たとえば、先ほど紹介したミャンマーの僻地に住む小規模農家は、一つひとつの農地が狭く、トラクターで一気に収穫することはできません。栽培指導を行うにしても手間がかかります。同じ10トン生産するのにも、収穫量が1トンある大規模農家なら10人に教えればすむところ、１００キロしか収穫できない小規模農家の場合１００人に教えなければなりません。僻地ですから、輸送コストもかさみます。

このように、ソーシャルビジネスはどうしてもコスト構造が高くなります。

それでも、マーケットでは、通常の〝効率の良い〟ビジネスと同じ土俵で勝負しなければいけない。そのため、**価格競争をするのではなく、いかに付加価値を高めるか、ということが絶対条件**になります。通常の2倍のコストがかかるとしたら、2倍の価格をつけても成立するビジネスモデルをいかにデザインできるか。それを問われるのがソーシャルビジネスなのです。

僕自身、起業した当初は、とても苦労しました。社会問題に対して、純粋にその解決を目指すビジネスをゼロからつくるのはこれほど大変なんだと、身をもって知りました。

起業しても10年後に残っている企業は6%、20年間存続する企業は0・3%と言われている中で、社会問題を解決しようと立ち上がる人たちの前には、より厳しい道のりが待ち構えています。しかし、社会起業家たちが志なかばで潰れていくのは、社会にとって大きな損失と言わざるを得ません。

「社会起業家のプラットフォーム」となる会社をつくろう

どうすれば社会起業家の数を増やし、そして彼らのビジネスを成功させられるだろうか――。そう考えるうちに、**「それなら世界に一つくらい社会起業家のための会社があってもいいのではないか」**と思うようになり、現在の仕組みをつくりました。

ボーダレス・ジャパンは、社会起業家のためのプラットフォームです。起業した頃の僕自身がまさに欲しかったサポートを集約し、仕組み化しました。

ここでは起業や経営に必要なノウハウ、人材、資金などを共有しています。いわゆる一般的なホールディングス会社や親会社・子会社とは違って、上下関係や支配関係はありません。それぞれが独立した経営を行いながらも、社会起業家たちがお互いに助け合う相互扶助のシステムです。

２０２０年、ボーダレスグループは売上55億円を超えるまでに成長しました。２０２１年４月現在では、世界15カ国でグループ40社が事業を展開しています（次ページの表参照）。

事業内容は多岐にわたります。たとえば、日本国内に住む難民の雇用をつくる事業、社会

事業内容	ソーシャルインパクト	事業開始
日本・韓国・台湾における多文化共生コミュニティハウスの運営	入居者数	2008.5
妊娠・授乳期のママ向けハーブ商品の販売	契約農家数 借金がなくなった農家数	2010.8
革製品のOEM製造	雇用人数	2013.5
ビジネスパーソン向けレザーアイテムの販売	バングラデシュ工場の雇用人数	2013.12
カラーオーダーができるレザーアイテムの販売	バングラデシュ工場の雇用人数	2014.3
農作物の契約栽培と法人向けオリジナルハーブ商品の製造・販売	契約農家数	2014.7
アパレル製品のOEM製造	雇用人数	2015.1
貧困農家のための農業資材・技術サポートなどの総合支援サービス	サービス提供農家数	2015.2
子ども服・ベビー用品のリユースショップ	回収販売した商品量	2015.7
法人向け革製品・アパレル製品の検品受託	障がい者の雇用人数	2016.1
小規模農家の自助グループ・農産物サプライチェーン構築	自助グループ参加者数	2016.2
環境に配慮したオーガニック素材のアパレル販売	バングラデシュ工場の雇用人数	2017.3
働くことに不安をもつ若者向けの就労・定着支援サービス	仕事定着につながった若者の人数	2017.5
耕作放棄地を活用した野菜の製造販売	農地活用した耕作放棄地	2017.11
中古パソコンの回収および修理・販売	正社員雇用した難民の数 再生したパソコンの台数	2017.12
養鶏の生産・販売及び小規模養鶏農家へのサポート	契約農家数	2017.12
革職人の育成及び革小物の製造・販売	障がい者の雇用人数	2019.1
地方で働き・暮らす人を増やすための移住支援サービス	移住した人数	2019.1
規格がない農産物流通網の構築と規格外野菜の販売	不選別野菜の買取量	2019.1
社会派インフルエンサーの育成とコミュニティ運営	発信者になった登録者数 発信のリーチ数	2019.2
インドの富裕層向けのハウスクリーニングサービス	母親の雇用人数	2019.2
ホームレス状態の人向けの就職・住居支援サービス	ホームレス状態からの就職人数 入居者数	2019.4
農園バーベキュー場の運営と弁当販売	スラム家庭の雇用人数	2019.7
人や環境に配慮したエシカルファッションのセレクトショップ運営	リピート購入者数 受注販売点数	2019.7
生ごみを堆肥にする都市型コンポストの製造・販売	生ごみ削減によるCO_2削減量	2019.8
廃用母牛のリハビリ放牧と子牛の自然放牧	回復した母牛の数	2019.9
革靴のOEM製造	聴覚障がい者の雇用人数	2019.9
アルジェリアの女性職人による服飾品・手工芸品の製造・販売	協業職人数	2019.10
エクアドルの元受刑者による石鹼の製造・販売	女性元受刑者の雇用人数	2020.1
個人・法人向け自然エネルギーの電力提供	CO_2削減量	2020.2
教員向け教育メディアコミュニティの運営	先生の会員数 雑誌を定期購読している学校数	2020.3
シングルマザーによるマーケティング支援サービス	シングルマザーの雇用人数	2020.3
不登校専門のオンライン家庭教師サービス	入会した生徒数	2020.7
妊娠期から産後までの伴走型両親学級	サービスの受講人数	2020.8
フィリピン レイテ島における蜂蜜生産事業	フィリピンの雇用人数	2021.1
建築余剰資材の回収・販売サービス	余剰資材の回収・再販量	2021.4
貧困家庭の庭先で行える地鶏の委託生産サービス	学校に行けるようになった 子どもの人数	2021.4
技能実習生のための低価格なオンライン日本語教育	技能実習生の受講者数	2021.4
農家に副収入をもたらす委託養鶏サービス	契約農家の数	2021.4
低所得者層でも買える生理用ナプキンの製造・販売	ティーンエイジ シングルマザーの雇用人数	2021.4

ボーダレスグループ会社一覧（2021年4月時点）

	サービス・ブランド名	代表者名	取り組む社会問題
1	BORDERLESS HOUSE	李　成一	異文化への偏見と閉鎖的な社会
2	AMOMA natural care	田口　一成	ミャンマーの小規模農家の貧困
3	BLJ Bangladesh Corporation	Faruk Hossain Sarkar Masum	バングラデシュの就職困難者の貧困
4	BUSINESS LEATHER FACTORY	原口　瑛子	バングラデシュの就職困難者の貧困
5	JOGGO	太田　真之	バングラデシュの就職困難者の貧困
6	BORDERLESS FARM	川北　奈生子	ミャンマーの小規模農家の貧困
7	BLJ Apparel	Aminul Islam	バングラデシュの児童労働
8	BORDERLESS LINK	犬井　智朗	ミャンマーの農村部における貧困
9	POST&POST	吉田　照喜	日本の大量ゴミ廃棄
10	Bangladesh Leather Inspection	Latiful Islam	バングラデシュの障がい者の就労
11	Alphajiri	薬師川　智子	ケニアの小規模農家の貧困
12	Haruulala	中村　将人	バングラデシュの児童労働
13	ステップ就職	髙橋　大和	日本の若者の就労難と早期離職
14	腸活ミニ野菜	石川　美里	日本の耕作放棄地
15	ZERO PC	青山　明弘	日本に住む難民の貧困と孤立
16	GRANJAS MAYSOL	Mayen Antonio	グアテマラの農村に住む先住民の貧困
17	UNROOF	太田　真之	日本の精神・発達障がい者の就労
18	きら星	伊藤　綾	日本の地方の人口減少
19	八百屋のタケシタ	竹下　友里絵	日本のフードロス
20	RICE	廣瀬　智之	日本の市民参加意識
21	SAKURA Home Service	水流　早貴	インドのスラムにおける女性の貧困
22	いえとしごと / コシツ	市川　加奈	日本の生活困窮・ホームレス問題
23	BLJP Foods	坪田　勝志	フィリピンのスラムに暮らす家庭の貧困
24	Enter the E	植月　友美	衣類による環境破壊や劣悪な労働環境
25	LFCコンポスト	平 由以子	生ごみ廃棄
26	宝牧舎	山地　竜馬	日本の家畜福祉
27	BLJ Footware	Kazi Maksudur	バングラデシュの聴覚障がい者の就労
28	TOÏRO	川波　朋子	アルジェリアの女性のエンパワーメント
29	AYUMI Jabón facial	宮浦　歩美	エクアドルの元受刑者の社会復帰
30	ハチドリ電力	田口　一成 小野　悠希	地球温暖化
31	先生の学校	三原　菜央	日本の教員のエンパワーメント
32	マザーアーチ	佐々木　理奈子	日本のひとり親の生活水準向上
33	夢中教室WOW!	辻田　寛明	日本の子どもの自己肯定感低下
34	親のがっこう	上条　厚子	日本の母親の産後うつ予防
35	Island Honey Works	大野　雛子	フィリピンの農村部における若者の貧困
36	HUB & STOCK	豊田　訓平	日本の建築資材廃棄
37	Merry Chicken Farm	柳下　智信	カンボジアの貧困家庭における子どもの教育
38	むすびば	相原　恭平	日本で働く外国人技能実習生の労働環境
39	BISAYA CHICKEN	峠　慶太郎	フィリピンのサトウキビ農家の貧困
40	LUNA sanitary pads	菊池　モアナ	タンザニアの若年妊娠したシングルマザーの貧困

問題に無関心な人たちを啓発する事業、障がい者が活躍できる環境をつくり健常者と同等の条件で雇用する事業、グアテマラの貧困家庭に収入をつくるマイクロフランチャイズ事業、耕作放棄地を活用した農業、ホームレス状態の方の再就職支援事業など様々です。

ここからは、社会問題を解決するビジネスを「**①たくさんつくる**」ために、そしてせっかく誕生した社会ソリューションが「**②世界中に広がる**」ために、具体的にどのような仕組みがあるのか紹介していきます。

ソーシャルビジネスをたくさんつくる仕組み①
起業家採用――3人一組1000万円。実際に起業体験

社会問題を解決したいという想いはあっても、事業を始めるのに必要なノウハウや自信がないために足踏みしている人は多いのではないでしょうか。

ボーダレスグループは、そんな社会起業を目指す人たちを迎え入れ、ビジネスプランニングの伴走から始めます。**新卒・第二新卒の場合には1年間修行の場も提供しています。具体的には、起業を目指す3人一組に1000万円を渡し、実際に起業してもらいます。**

社会起業家の数＝解決できる社会問題の数

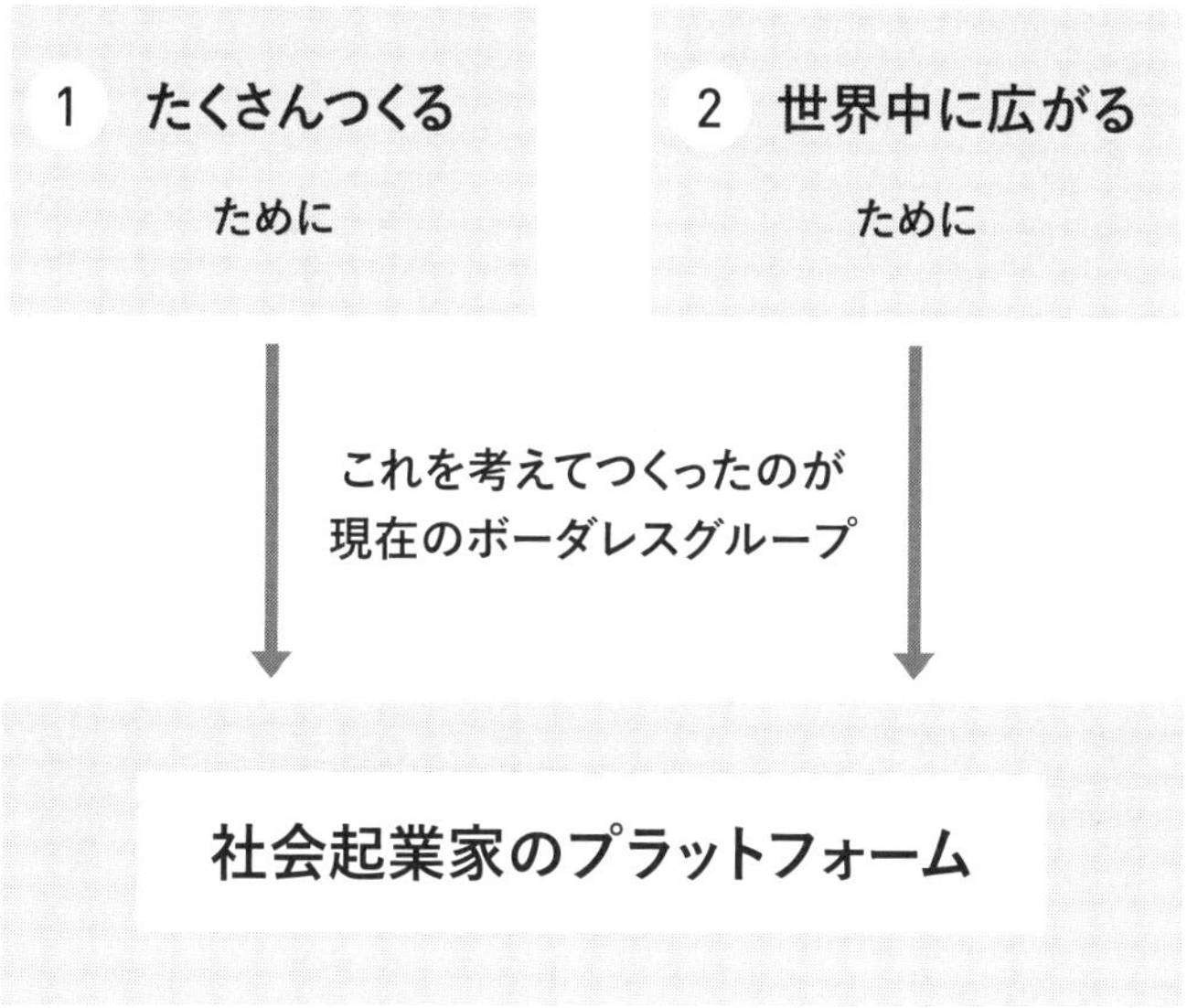

起業家ならよく分かると思いますが、起業するための力をつける一番の近道は実際に起業してみることです。自分自身でゼロから描いたビジネスを実際にやってみる。日々減っていく銀行残高を見ながら意思決定を繰り返すことで、起業家に必要な判断力、企画力、コミュニケーション力などを最短距離で身につけることができます。

そして、1年間の修業期間が終わったら、いよいよ自分自身のビジネスプランをつくる段階に入ります。そのプランニングサポートが僕の重要な役割です。

ビジネスプランが完成したら、グループ各社の全社長が参加する会議（通称、社長会）で発表し、全員の賛同を得られたら会社を設立。社会起業家としてデビューします。

ソーシャルビジネスをたくさんつくる仕組み②
資金提供――返済不要の事業資金を1500万円提供

誰もが起業して苦労するのは、お金です。

社会起業に限らずあらゆるビジネスに言えることですが、創業資金を集めることは大変です。銀行から融資をうけるにしても、親戚や友人から借りるにしても、いきなり多額のお金を集めることはできません。その少ないお金をうまくやりくりしながら、事業を軌道に乗せる必要があります。僕自身、最初の資金繰りには本当に苦労しました。

だからといって、十分な創業資金が貯まるまで待つこともできません。何年も働いて貯金をしているその間にも、社会問題はますます深刻さを増していきますから、社会問題の解決はできるだけ早く着手したほうがいい。

そこで、**社会起業家がお金の心配をせずに、自己資金ゼロで起業できる仕組み**をつくりま

起業家採用の流れ

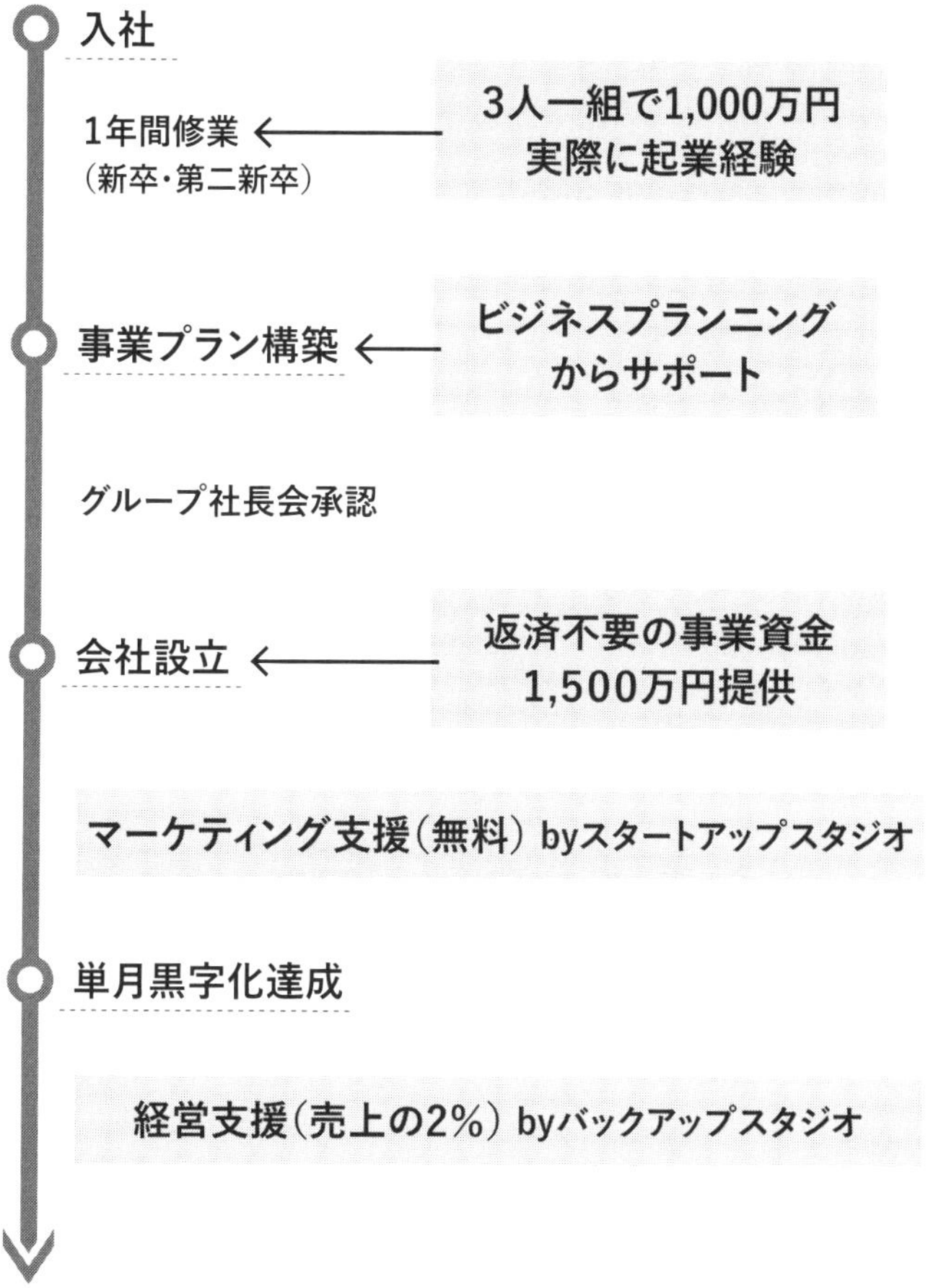

入社

1年間修業
（新卒・第二新卒）← 3人一組で1,000万円
実際に起業経験

事業プラン構築 ← ビジネスプランニング
からサポート

グループ社長会承認

会社設立 ← 返済不要の事業資金
1,500万円提供

マーケティング支援（無料） byスタートアップスタジオ

単月黒字化達成

経営支援（売上の2%） byバックアップスタジオ

した。それが、社会起業家への資金提供です。先述の社長会でビジネスプランが承認されたら、返済不要の事業資金を1500万円提供します（内訳は、初期費用が500万円、運転資金が1000万円）。

この資金がどこからくるのかは、後述します。

ソーシャルビジネスをたくさんつくる仕組み③ スタートアップスタジオとバックアップスタジオ

起業経験もした、いいビジネスプランもできた、創業資金もできた。それで事業が成功するかというと、最後にもう一つ必要なのがマーケティングです。

どんな商品やサービスでも、それを知ってもらい、魅力的に感じてもらわなければ、手にとってもらえないからです。顧客をひきつけるデザイン開発、そして少ない予算の中で効果的なプロモーションを行うことは、立ち上げ期のマーケティングを専門にやったことのない人にはどうしても難易度が高いものです。

このスキルを社会起業家に求めるのは酷な話です。彼らが不慣れなこれらの領域をサポートするのが、**スタートアップスタジオと呼ばれる、立ち上げに特化した専門チーム**です。

社会起業家を支える仕組み

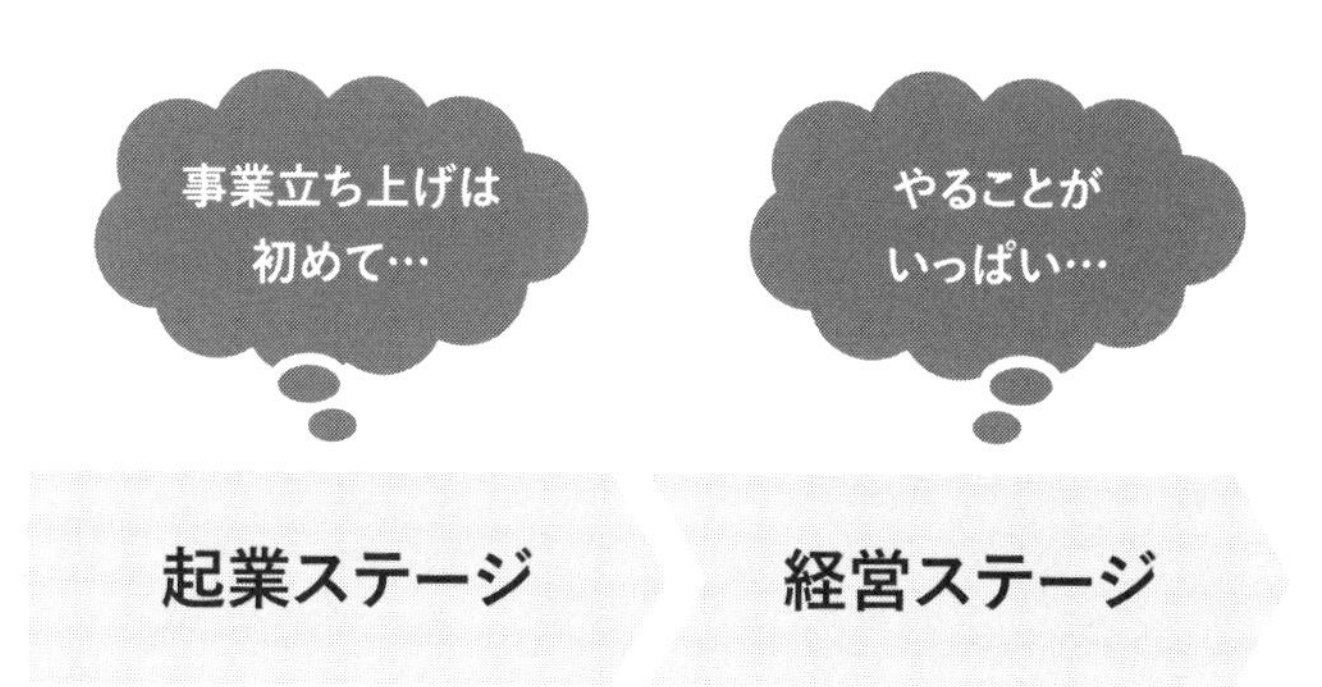

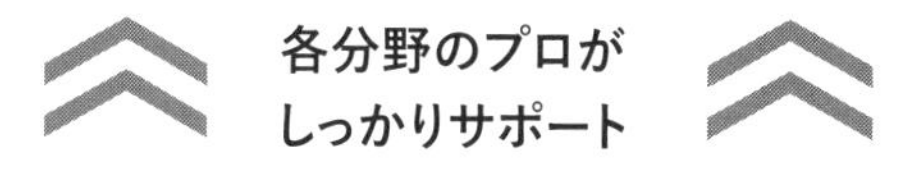

スタートアップスタジオ

- ビジネスプラン
- マーケティング
- デザイン・システム
- 広報・採用

バックアップスタジオ

- 人事・労務
- 法務
- 経理
- ファイナンス

数々の事業立ち上げを支援してきた**マーケティングやデザインの精鋭部隊が、事業が単月黒字化するまで無料でサポート**します。

このチームは、ボーダレスグループすべての起業をハンズオンでサポートしていて、年間10社以上立ち上げ支援を行っています。日本中を見ても、これだけの数の創業支援を繰り返しているチームはなかなかありません。

このチームには立ち上げ期のマーケティングノウハウがどんどん蓄積されていきますから、今年よりも来年、来年よりも再来年になるほど、スタートアップスタジオの「伴走力」は確実に高まっていきます。つまり、社会起業家の立ち上げ支援体制がどんどん強化されていくというわけです。

単月黒字化したあとは、スタートアップスタジオの支援からも離れ、経営者としての独り立ちです。

ただ、経営者がやらなければならない仕事は、事業開発のほかにも多岐にわたります。労務、総務、法務、経理、ファイナンス……これらの業務が起業家の負担になり、本来やるべき社会問題の解決に注力できないとしたら本末転倒です。

ボーダレスグループには、**起業家の負担を軽くするため、バックオフィス業務・経営管理**

業務を請け負う専門家チームが存在します。それがバックアップスタジオです。

バックアップスタジオの利用料は、売上の２％。毎月の売上が１００万円ならたった2万円で法務・経理・労務・人事などすべての業務をサポートしてもらえます。一方で、毎月の売上が2億円を超える会社もありますが、その場合も同じく２％の４００万円。このように、お金のある会社が少し多めに払うことで、起業したての小さな会社が少額で手厚いサポートを受けられるようになっています。

世の中にあるいいアイデアが、なぜ世界に広がらないのか

未来の社会起業家たちと一緒に事業プランを考える時、「今、世の中にはどんなソリューションがあるのか」と調べてみると、優れたソリューションがすでに存在していることがあります。

優れたものがあるなら、それが世の中に広がることで社会問題は加速度的に解決されていくはずなのに、現実はそうなっていない。こんなもったいないことはありません。**新しい事業アイデアを考えることも大切ですが、せっかく生み出された素晴らしいソリューションが**

ちゃんと社会に広がっていくことのほうがより重要だとも思っています。

では、なぜ広がっていかないのだろう？　それが僕が次に考えたテーマです。

たとえば、あなたには発展途上国の貧しい小規模農家を助けたいという想いがあり、それを解決するためにビジネスを立ち上げたとします。３年間貯金を削りながら、苦労の末にようやく事業を軌道に乗せることができました。

その素晴らしい社会ソリューションを耳にしたメディアがやってくるでしょう。インタビューで「このソリューションで世界中の貧しい農家を救いたいですか？」と聞かれたあなたは「ＹＥＳ」と心から答えるでしょう。

ある日、そのインタビュー記事を読んだ人がやってきてこう尋ねました。「あなたのビジネスアイデアは素晴らしいですね。私もアフリカの貧しい農家たちを助けたいので、あなたのノウハウを教えてくれませんか」と。

さて、あなたは「はい、どうぞ」と快く応じられるでしょうか？

相手とは当然旧知の仲ではありません。先月まで大企業に勤めていてたくさん貯金もあるかもしれません。一方、あなたの貯金は事業に注ぎ込み、すっからかんです。アフリカの貧しい人のためにどれほど真剣にやるのか、もしかすると自分の儲けのためにビジネスを始めたいのかもしれない。

自分は借金をして、ひもじい思いをしながら何年もかけてやっと作り上げたノウハウを突然やってきた見ず知らずの相手に、「はい、無料でどうぞ」とはなかなか言えないですよね。

それで結局、「いいですよ、ただしロイヤリティは売上の○％お願いします」「研修費用は○○万円」「契約を更新するかどうかは1年後にまた話し合いましょう」となってしまう。

あなたの立場としては当然ですよね。でも、本気でアフリカの貧しい人のために会社を辞めて取り組もうとしていた相手は、「なんだ、メディアでは世界中の貧しい人を救いたいと言っていたのに、結局はお金の話か……」とがっかりするかもしれません。

二人とも別に間違ったことはしていないのに、結局は物別れになってしまう。**どちらも本気で社会問題を解決したいと思っているのに、優れたアイデアが世界に広がっていかない。**こんなことがよく起こっています。すごくもったいないことです。

では、この「ノウハウを教えてほしい」と言った相手があなたの妹や弟だったらどうでしょうか。

「お兄ちゃん（お姉ちゃん）、自分はアフリカに行って貧しい農家を救いたいから、そのノウハウを教えて」と言ったら、おそらくあなたは即答で「いいよ」と言うでしょう。それだ

アイデアやノウハウが
共有されるカギ

身内化

||

財布を同じにする

けでなく「熟練のスタッフが一人いるから、ヘルプに送るよ。少ないけど少し貯金できたから最初の資金に使ってくれ」と必要なサポートを惜しみなく与えるでしょう。なぜでしょうか？　身内だから、ですよね。

実際、多くのビジネスが家族経営されているように、ビジネスノウハウは結局、身内の間でしか広がらないのでしょうか？

そこで僕は、**赤の他人でも「身内のような関係性」をつくることができたら、ノウハウを共有し合えるのではないか**、という仮説を立てました。

では、どうすればビジネスにおいて、身内のような関係を築くことができるのか。

「財布を同じ」にすれば、赤の他人同士でも身内のような関係を築くことができるのではないか。

身内の成功は自分の成功、最後困った時に助けてくれるのも身内。この大きな仮説が、現在の仕組みの原型になっています。

世界に広げていく仕組み①
恩送りのエコシステム――余剰利益は共通のポケットに

具体的に言うと、**ボーダレスグループには「共通のポケット＝お財布」があります。**グループ各社が自分たちの余剰利益を共通のポケットに入れ、みんなで共有しているのです。

ここでいう余剰利益とは、利益から自己投資分を除いても余ったお金です。みんな自分の事業インパクトを拡大するために利益は投資に回しますが、それでも余った利益はみんなの共通ポケットに入れる。余剰利益はグループで共有して、新たなビジネスを立ち上げる起業家への支援に使われます。

先ほど話したように、起業家が資金の心配をせずに事業を始めることができるのは、この共通ポケットからの資金提供が理由です。また、事業立ち上げに際しマーケティング支援などが無料で受けられるのも、共通のポケットがスタートアップスタジオの運営費を負担しているからなのです。

こうやってみんなのサポートを受け、なんとか黒字化に成功した起業家たちはどう思うか。みんな「恩返しをしたい」と思います。

利益を出すことがこんなに大変なのに、先輩たちがその利益を拠出して支援してくれたおかげで、今の成功がある。恩を返したい。ところが先輩たちはすでに利益は出ているので、恩返しは要りません。だったら、今度は自分がお金を出す側に回って、自分が受けたものと同じサポートを次の社会起業家も受けられるようにしよう、と思うのです。

自分が受けた恩を、次のチャレンジャーへ送る。これを**「恩送り」と呼んでいて、ボーダレスグループの相互扶助エコシステムの柱**となっています。

この仕組みでは、仲間がたくさん集まり、成功する事業が増えるほど、より多くの余剰利益が共通のポケットに入ってきて、その分多くの社会起業家の誕生を支えることができます。

つまり、「仲間が増えるのはいいこと」になります。仲間が増えるほど、解決される社会問題も増えて、社会がより良くなっていく。だったらどんどん仲間を増やしていこう、という気持ちに自然となるエコシステム（生態系）なのです。

こうして誰かが開発したノウハウやアイデアが、仲間たちに共有され広がっていく。僕たちはそうやって、社会ソリューションを世界へ広げ、大きなソーシャルインパクトを出していこうとしています。

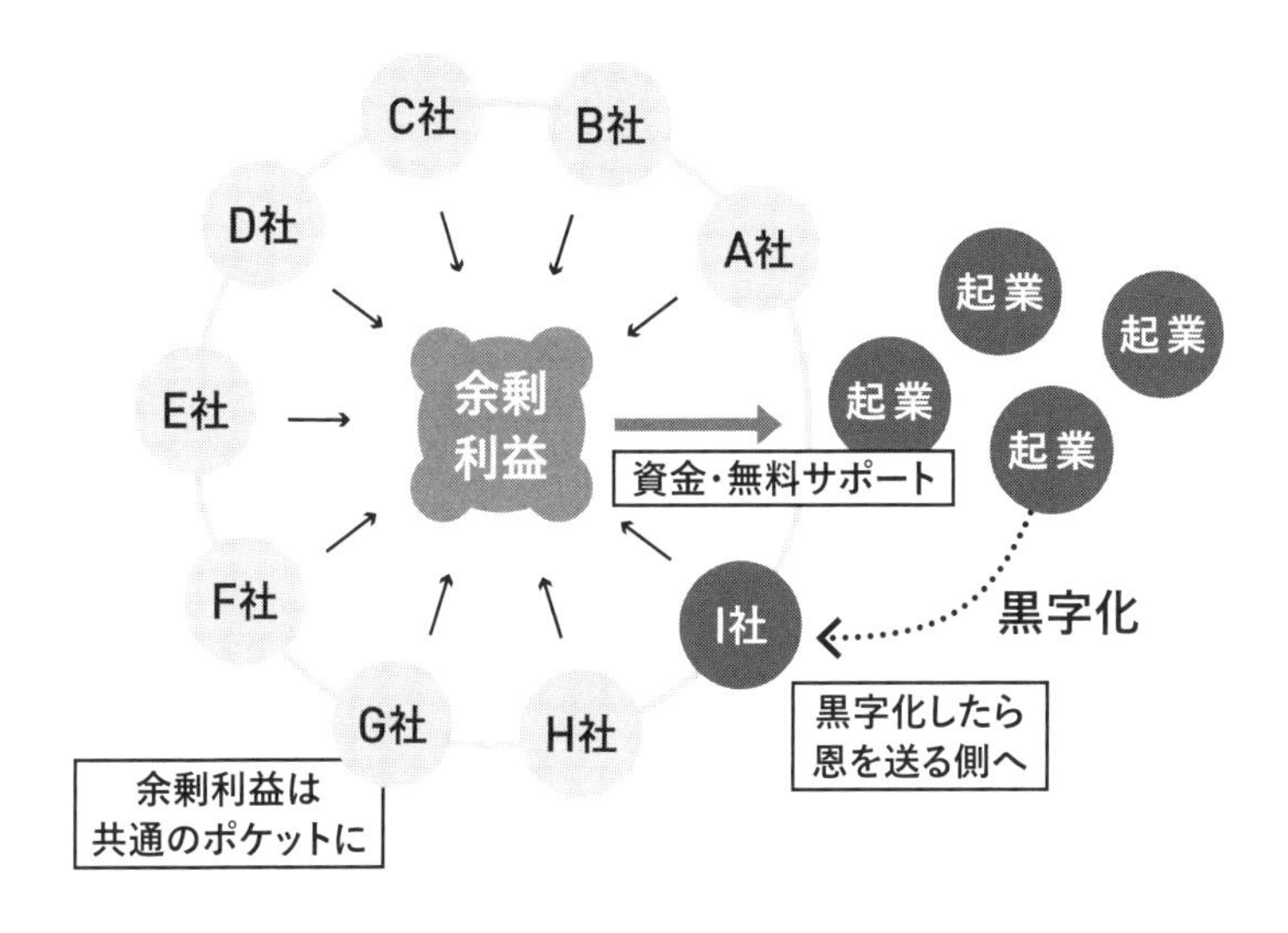

恩送り経営 ＝ 相互扶助のエコシステム

世界に広げていく仕組み②
共同体経営――グループの全社長による合議制

僕は創業者ではありますが、グループの最高意思決定者ではありません。ボーダレスグループに関わる大事なことはすべて、グループに参加する全社長の合議によって決まります。**全員が等しく1票を持ち、拒否権を持ちます。全員賛成が原則**です。

たとえば、新たにビジネスを始める場合にも、全社長が集まる「社長会」で事業プランを発表し、全会一致の賛成をもって可決されます。一人でも反対すれば、却下、やり直しです。逆に、ここで承認されたプランはみんなが自分自身で太鼓判をおしたものなので、みんながその成功に向けて協力していきます。

この社長会での僕の役割は司会進行役で、意思決定には入りません。**株主総会でも取締役会でもなく、この社長会こそが最高意思決定機関**なのです。

経営が悪化した会社のリバイバルについても社長会が開かれます。

黒字化したあとも、経営の健全化を図るためにマイルストーンを設けています。営業利益が３カ月連続で対前年度を割り込むと、経営悪化の「アラート」として、経営をどのように立て直していくかをまとめたリバイバルプランを発表することになっています。

この会議をマイルストーン会と呼び、ここでは全社長から自分のリバイバルプランに対してのフィードバックやアイデアをもらえます。みんなでアイデアを出してその仲間をバックアップしますが、プランの精度が低い場合は厳しい指摘もしっかり入ります。

新規事業承認会とマイルストーン会を合わせて、月に１〜２回、全社長のオンライン会議が開かれています。

そのほかに、**半年に一度、世界各国から全社長が一堂に会する2日間の世界会議があります。**ここでは、半年間の各社のノウハウ共有やグループ制度設計の見直しなど、重要事項をみんなで話し合います。

合議制を採用する理由は、ボーダレスグループが社会起業家の集まりであるからです。

僕たちは一人ひとりが自分の意思で動いていて、一人ひとりが主役です。誰かに指示されて動くのではなく、自分の責任で動くリーダーの集まりです。

その主体的な実感を持つためには、自分たちがグループの最高意思決定者であるという自覚とともに、実際に一人ひとりの意見が尊重される全会一致の合議で物事が決まっていくという事実が大切です。

もし、**多数決が採用されて、自分の意に反して物事が決まっていくなら、組織に対する「自分ごと感」は薄れていく**でしょう。それでは、助け合いもノウハウの共有も起こりません。だからこそ、全員が納得した状態で決議する合議制にこだわっているのです。

２０２１年4月現在、グループには40人の社長がいます。そのうちのたった一人や二人が反対して決まらないこともよくあります。

たとえば、新規事業承認会で一人でも反対する人がいたら、その事業を発案した起業家はもう一度プランを練り直して、再チャレンジします。そこでも反対されたら、もう一度練り直します。このように、全員から承認されるまで何度もチャレンジを繰り返すのです。

これを非効率と思うかもしれませんが、**マイノリティの意見にはマジョリティが見逃していたユニークな視点があり、決して無駄ではありません。**

僕たちには、たくさんの社会問題を解決するために集まっているという共有の目的意識があります。「この事業が本当に社会ソリューションになり得るのか」「中途半端なプランでスタートして、苦しんでほしくない」と真剣に考えるので、ほんの少しの懸念事項も見逃さずに指摘し合います。

社長会

「新規事業承認会」や「マイルストーン会」など、毎月オンラインで実施

世界会議

半年に一度、社長がみんな集まって合宿。親睦を深める機会にもなっている

だからこそ、たった一人の反対意見にも耳を傾けてプランを練り直すことで、確実に良くなるのです。そうやって全社長の承認を得た時は、最強プランに仕上がっています。

世界に広げていく仕組み③
独立経営――採用も報酬も自分で決定

それぞれの社長は、一人ひとりがグループの最高意思決定者であると同時に、独立した経営者でもあります。自立した会社として自由に採用活動や投資を行い、自分たちの報酬も自分たちで自由に決めています。ですから、**社長たちの報酬を僕は知りません。**

かつては、ボーダレス・ジャパンの一事業部として新規事業を立ち上げていた時期がありました。その後、カンパニー制に移行し、現在はグループ会社制のもと、独立採算の会社として設立する形を取っています。

グループ会社制への移行に伴い、ボーダレス・ジャパンは、起業支援（スタートアップスタジオ）と経営支援（バックアップスタジオ）の2つの機能を持った社会起業家集団の事務局的存在となりました。事務局として、社会起業家たちに求められる機能を提供するのがボーダレス・ジャパンの役割です。その点で、**よくあるホールディングカンパニーとは考え方も、**

実態もまったく異なります。

　体制の変遷については、第2章であらためて紹介します。

MM会議――起業家は「自立」したいが「孤立」したいわけではない

　起業家の自立を支える重要な仕組みの一つが、MM会議（マンスリー・マネジメント・ミーティング。通称エムエム）です。

　MM会議は、黒字化した会社の社長が4人一組になり、月に1度集まって行う経営会議です。この4人はいつも同じメンバーです。個々に抱える経営課題を共有し、一緒になって解決策を議論します。

　このメリットは、いろいろな会社の経営課題や経験をシェアできることです。

　たとえば、ある社長が今抱えている経営課題とその原因をMM会議で共有すると、他の3人も一緒になって解決策を考えます。すでにその課題を経験している人なら「自分の時はこうだった」とアドバイスできますし、まだ経験していない人は「そういう問題も起こり得るんだ」と事前に疑似体験できる。**1回の経営会議で4人の経営課題と原因、解決策を徹底し**

て詰めていくので、学びのスピードが加速するのです。

独立経営だからといって、起業家たちを放置するわけではありません。経営者というのは、とかく孤立しがちです。最後には自分で決めるしかない、という状況では、どんなに意思の強い人間であっても、孤独感を覚えるものです。

起業家たちは、「自立したい」と思っていても、「孤立したい」とは思っていません。経営上の問題が起きた時に、いつでも相談できる仲間がいる、そして自分ごととして真剣に考えてくれ、時には叱ってもくれる、切磋琢磨し合える仲間がいることの心理的セーフティネットはとても大きいのです。

MM会議は、2年前から始めました。

それ以前は、僕と社長が1対1で経営会議をしていました。黒字化した会社とは月に1回、赤字の会社とは週に1回の頻度で行っていました。でも、それはやめました。

なぜなら、みんなの相談に僕が答える形を続けていくうち、いつの間にか僕が「先生」で、社長たちが「生徒」のような関係性になっていたからです。

僕にはいくつも起業経験があるうえに、わりと理路整然と説明するタイプです。僕のアドバイスがついつい「正解」のような感じがして、いつしかみんなが僕の「答え」を求めるよ

MM会議

社長４人一組でチームを組む。起業家が孤立しない仕組みの一つ

うになりました。お互い意図せず、僕が指示者、彼らが実行者のような関係ができてしまったのです。

これは起業家の成長を阻害する。そう思って僕との経営会議はやめました。**経験のある人間が、正解らしきことを言うのではなく、自分たちで教え合い、学び合う寺小屋のようなシステムに変えた**のです。

今では、社長たちが僕に経営相談にくることはほとんどなくなりました。課題があったら、まずは自分が所属するＭＭ会議の仲間に相談する。それでも解決できなかった時にだけ僕に相談がきます。そんな時は僕も、ここぞとばかりに最高のアイデアを出そうと奮起します。そんな社会起業家同士が助け合う相互扶助のコミュニティがうまく機能しています。

このMM会議の成功を受けて、黒字化前の社長同士による経営会議体「**プレMM**」、事業開始前のプランニング中のメンバー同士による「**プランニングMM**」も始まりました。いずれも僕たちが大切にしている「自立」と「助け合い」を体現する大切な役割を果たしています。

キャッシュフロー経営――資金が尽きたら一旦終了

起業家は、事業資金の1500万円を自由に使うことができますが、一つだけルールがあります。それは、資金が尽きたら事業は一旦終了、ということです。このルールに基づく経営を「キャッシュフロー経営」と呼んでいます。

この形にした理由は、**経営がうまくいかない時に、物理的に止まる仕組みが必要**だったからです。

以前は、「マイルストーン経営」でした。事業承認から3カ月以内に事業スタート、事業スタートから1年以内に黒字化など、経営のマイルストーンがいくつも決まっており、もしそれをクリアできなければ改善プランを社長会で発表し、承認されれば事業を継続することができました。

その結果、どうなったか。その仲間がどれだけ頑張っているかみんな知っていますから、事業継続できるようにとアイデアを出し合って応援してしまうのです。そのこと自体はとても美しいのですが、間違った事業モデルで続けてもうまくはいきません、結局はその起業家を苦しめることになります。間違ったものは一旦ストップし、早めにやり直すほうが起業家にとってもいい。みんなの優しさはそのままに、それでもダメなものはしっかり仕切り直せるように、資金が尽きた時点で一旦終了することに決めました。

ただし、それでチャンスがなくなるわけではありません。練り直した事業プランを再び社長会で発表し、満場一致で承認されれば、２トライ目が可能です。また新たな１５００万円が支給されます。**二度でも三度でも何トライでも可能**です。

一度仕切り直すことで起業家は冷静さを取り戻し、一度目の失敗から学んだこと、分かったことをベースに事業モデルを徹底的にブラッシュアップするため、結果的に事業成功の確率やスピードが高まることも分かりました。

１トライ分の事業資金が、なぜ１５００万円なのか。これにも触れておきましょう。

以前はもっと金額が大きく、１社の立ち上げに３０００万円から５０００万円ほどかけていました。しかし、これではスタートアップには舵取りが重すぎて、うまくいかないことが分かってきました。

新規事業を軌道に乗せるには、トライ&エラーを繰り返すことが大事です。大きな金額を投資したものは、それを回収しなきゃといつまでもやり続けてしまいます。小さく始めたほうが、より早く軌道修正することができます。小さなトライと小さな失敗をどんどん繰り返すうちにはじめて答えが見えてくるのが事業です。その**仮説検証のサイクルを細かくより早く回すモードになるように、事業資金もあえて小さめのサイズにしています。**

ちなみに、僕は２トライ目で成功すればいいと思っています。挑戦に失敗はつきものです。失敗できるから挑戦もできる。１トライ目は大いに失敗してもいい、その試行錯誤の中から学んだことをもとに２トライ目で軌道に乗せる。全体としては、１５００万円×２トライ、つまり３０００万円で１社が立ち上がっていけばいいと考えています。

出資額を超える株主配当は一切しない

ボーダレスグループは独立経営を基本とする社会起業家の集まりですが、みんな共通する考え方とルールを持っています。それをまとめたものが、ボーダレス・ジャパンの定款です。日本国憲法には前文があって、各論に入る前に、そもそもこの憲法は何なのか、日本という国が大切にしているものは何なのか、といったことが書かれています。会社にとっての憲法は定款です。僕たちも自分たちの会社の基本的な考え方を定めておこうと考えて、73ページのような定款前文をつくりました。

前文で書いているのは、まず、自分たちの存在意義についてです。社会の不条理から生じる社会問題を解決するソーシャルビジネスを通じて、より良い社会を築いていくことが自分たちの存在意義であり、使命であること。

そして、僕たちが集う目的についても定めています。それは、ソーシャルビジネスを展開するために必要なノウハウや資金、資産を共有し、オープンでフラットな相互扶助コミュニティの一員として助け合うために集まった共同体である、ということです。

さらに、これらの考え方を具体的な項目に落とし込んだものが、8つあります。その中でも特にユニークだと言われるのは、

・出資額を超える株主配当は一切しない

・経営者の報酬は一番給与の低い社員の7倍以内

の2つです。

まず、「出資額を超える株主配当は一切しない」について。恩送りのシステムは、ボーダレスグループ各社から配当という形で余剰利益を提供してもらう形になっています。

そのお金が、ボーダレス・ジャパンの株主である僕に入るのはおかしな話ですから、出資した金額を超える株主への配当を定款で禁止しています。ですから、ボーダレス・ジャパンにいくらお金が集まっても、僕に入ってくるお金が増えることはありません。余剰利益は「社員の福利厚生と新たな事業投資のみにしか使えない」ことも、この定款前文に明記してあります。

ボーダレス・ジャパンの定款前文

社会の不条理や欠陥から生じる、貧困、差別・偏見、環境問題などの社会問題。
それらの諸問題を解決する事業「ソーシャルビジネス」を通じて、
より良い社会を築いていくことが
株式会社ボーダレス・ジャパンの存在意義であり使命です。

株式会社ボーダレス・ジャパンは、
社会起業家が集い、そのノウハウ、資金、関係資産をお互いに共有し、
さまざまな社会ソリューションを世界中に広げていくことで、
より大きな社会インパクトを共創する「社会起業家の共同体」です。

ここに集う社会起業家は、
利他の精神に基づいたオープンでフラットな相互扶助コミュニティの一員として、
国境・人種・宗教を超えて助け合い、良い社会づくりを実現していきます。

1 すべての事業は、貧困、差別・偏見、環境問題など社会問題の解決を目的とします。
2 継続的な社会インパクトを実現するため、経済的に持続可能なソーシャルビジネスを創出します。
3 事業により生まれた利益は、働く環境と福利厚生の充実、そして新たなソーシャルビジネスの創出に再投資します。
4 株主は、出資額を上回る一切の配当を受けません。
5 経営者の報酬は、一番給与の低い社員の7倍以内とします。
6 エコロジーファースト。すべての経済活動において、自然環境への配慮を最優先にします。
7 社員とその家族、地域社会を幸せにする「いい会社」をつくります。
8 社会の模範企業となることで、いい事業を営むいい会社を増やし「いい社会」をつくります。

なぜ出資額を超える株主配当がいけないのか、と疑問に思われる方も多いでしょう。実際にそのような質問もよく受けます。

資本主義は、最初にお金を持っていた人（資本家）が富み続ける仕組みです。「最初にリスクテイクしてお金を出した人は、それ相応の見返りがあっていい、そうじゃないと誰もお金を出さなくなる」という意見も正しいと思いますが、それが貧富の格差を引き起こしているのもまた一つの事実です。

富める者がさらに富むというスパイラルを断ち切るために、出資額を超えた分の受け取りを拒否してもいいのではないか。損をする必要はないので、出資額分までは戻ってきていい、だけどそれ以上はいらない。そんな価値観があってもいい——そう考えました。株主への配当分を、働く人の福利厚生と新たな社会事業への再投資に使えば、誰も損はしないし、「出したもの勝ち」の世界にもなりません。

経営者の報酬は一番給与の低い社員の7倍以内

もう一つの「経営者の報酬は一番給与の低い社員の7倍以内」は、数年前に「社長会」で話し合いの末に決めたものです。グループ各社の社長の年俸は、各社の中で最も年俸が低い社員の7倍を上限にすると定めました（ただ、国によって給与水準が違うので、地域によっては10倍を上限にしています）。

もし、**社員の一番低い年俸が200万円の会社であれば、その会社がどれだけ儲かっていても社長の年俸は1400万円が上限**です。「社長だし、3000万円の年俸が欲しい」ということであれば、それも自由ですが、その場合は最も年俸が低い人にその7分の1、430万円以上の給料を払っていることが条件です。これが、僕たちが考えるフェアネスです。

創業者というのは、起業当初は一番苦労して、給料もろくにもらわず、誰よりも頑張った人です。事業が軌道に乗ってからも、一般の社員と比べれば背負っているものははるかに大きく、当然アウトプットも大きい。だから、社員と給料に差があること自体は否定しません。だからといって、何十倍、何百倍も差があってもいいかというと、それは違う。**最初は自分が一番苦労したかもしれないけれど、会社が大きくなり、今も存在しているのは一緒に頑張ってくれている社員のおかげ**です。それなのに、「最初、自分が一番頑張ったんだから、今これだけもらえて当たり前」と考えるのは、いかがなものか。

そこで、「適正な差はどの位だろうか」とみんなで話し合って、「最大でも7倍以内」としました。ちなみに、僕を含めて7倍の給与を受け取っている社長は誰もいません。世の中に示す一つの指標として、みんなが妥当だと考える数字は何倍だろうね、と社長会で話し合って決めましたが、5倍以内であるべきかもね、という話も出てきているので近々改定するかもしれません。

ソーシャルインパクト――売上・利益よりも重要な独自の指標

いま世の中にはたくさん会社があります。中には創業者が単に上場したい、お金儲けをしたいという動機で始めた会社もあるかもしれませんが、多くはそうではなく、「誰かの役に立ちたい、地域や社会に貢献したい」という何かしらの志をもって創業したと思います。

しかし、事業を続けていくうちに、**いつの間にか売上や利益の最大化に目的がすり替わって、売上を拡大するための新規事業を考えてしまっている**ようなことがよくあります。

これは、指標の設定に問題があると僕は思っています。会社の経営状態を測る指標はいろいろありますが、どこの会社でも最も重要視されているのはやはり売上と利益でしょう。事業継続には欠かせない重要なものであることは間違いないですが、これらを唯一の指標としてしまうと、いつの間にか売上や利益の追求だけに走ってしまうのは無理もないことです。

一方、国の豊かさを測る指標は、かつてはＧＤＰのみでしたが、今は幸福度を測る指数や、報道の自由を測る指数、女性の活躍度合いを測る指数など多様化しています。会社の価値を測る指数も、もっと多様なものがあってもいいのではないでしょうか。

僕たちは社会問題を解決するために事業をしているので、その目的を果たすために自分たちが追いかけるべき成果を明確にした独自の指標を持っています。

それが、**解決したい社会問題に対してどれだけインパクトを与えられたかを数値で表した「ソーシャルインパクト」**です。

たとえば、ミャンマーの貧困農家のためのハーブ事業（ＡＭＯＭＡ）の場合、

・契約農家数
・借金がなくなった農家の数

この2つをソーシャルインパクトの指標に設定しています。事業の黒字経営は大前提ですが、この2つの数字を伸ばしてはじめて、ＡＭＯＭＡ事業は成功と言えるのです。ソーシャルインパクトについては、第3章であらためて説明します。

ソーシャルインパクトは各事業が追求する指標ですが、では、グループ全体では何を指標にしているのか。

僕たちが追求するのは、社会起業家の数、すなわち会社の数です。社会起業家が増えれば増えるほど、多くの社会ソリューションが生まれ、社会がより良くなっていく。そのために、年間100社の立ち上げを目指しています。

売上1兆円のグループへ

事業形態にもよりますが、会社の規模はコアメンバーが7～10人程度、アルバイトなど全体を含めても20～50人くらいが「ちょうどいい」と思っています。売上でいうと10億円くらい。そういう会社が1000社誕生すれば1兆円です。

売上は僕たちが追求する指標ではありませんが、ソーシャルビジネスというと「あぁ、稼ぐ力がない人が社会貢献と言ってやってるやつね」と言われる今の風潮を覆すために、全体で1兆円くらいの規模感は示したいと思っています。

ただし、先ほども述べたように、1社の規模は小さくて構いません。10人程度のコアメンバーだけのチームなら、特別なカリスマ性やリーダーシップがなくても、リーダーを務められる人は大勢いますし、売上10億円規模でよいとなれば無理な事業拡大をする必要もなく、関わる人の顔が見える範囲で血の通ったサービスを提供できます。社会に本当に必要とされるソリューションに特化し、社会に必要とされる分だけ提供していくにはちょうどいいサイズ感です。

この「売上10億円の会社×1000社＝1兆円」は数年前までは取材などでよく話してきたことなのですが、最近はあまり言わなくなりました。

というのも、**1社の規模はもっと小さくてもいいと考え始めたからです。2〜3人のコアメンバーで回して、売上1億円。**この規模の事業ならより簡単につくれます。

なぜこんなことを考えているかというと、世の中には社会問題を解決するビジネスに興味を持つ人は多くいますが、それでも実際に事業を始める人はまだひと握りだからです。多くの人は、社会の役に立ちたいという尊い志を持ちながら、一歩を踏み出せずにいるのが実態です。

僕は、そういった志ある人たちの力が社会実装されるかどうかは、社会にとても大きな違いを生むと思っています。だから、ボーダレスグループの価値は「**起業家への要求ハードル**

をどこまで下げられるか」にある、とスタートアップスタジオのメンバーとはいつも話しています。投資に値する優秀な起業家を選抜していくアクセラレーションプログラムとは真逆の方向です。一人で起業するのは難しいと思う「普通の人」にこそ、より充実したサポートを提供する役割が社会には必要だと思っています。

世界中のあらゆる地域に、その地域課題を解決しようとするローカルソーシャルビジネスがたくさんある世界。GDPへの大きな貢献はないかもしれませんが、それこそが私たちの実際の暮らしを良くしていくのだと思います。

そのためには、小さな起業家がたくさん誕生し、しっかり社会実装されていくことが大切。社会起業のハードルを下げるために必要な仕組みを、これからも改良を繰り返しながらつくっていきます。

目指すのは「スイミー」のような組織

僕たちの目指す理想の組織について、この章の最後で触れておきたいと思います。

一つひとつは小さくても、それらが集まって一匹の大きな魚のようになる「スイミー」のような組織です。それぞれが自律した会社として、自分の意思をもって自由闊達に動いている。そして、小魚たちが集まって大海原に出ていったように、「いい社会をつくる」という一つの目標のもとに集い、お互いに協力し合って大きなことを成し遂げる。

一つの会社で大きくなろうとすると、どこかで売上拡大のための力学が働き始め、「それ本当にうちがやる必要あるの？」という事業展開も出てきます。そして組織はどんどん膨れて、大きく動きが鈍い組織になります。

「最も強いものが生き残るのではなく、最も賢いものが生き延びるのでもない。唯一生き残ることができるのは、変化できるものである」とダーウィンが言ったように、不安定で変化の激しい現代において、「大きいことはいいことだ」という幻想は捨てないといけません。

一つひとつは小さいながらも、その分野でキラリと光る社会ソリューションを生み出している。そういう小さな巨人「Small Giants」が孤立せず、集まって、お互いに協力し合うことで確実に社会インパクトを出していく。それがボーダレスグループが目指す姿です。

【Q&A】ボーダレスグループの「リアル」。よくある質問・疑問に答えます！

ここまで、ボーダレスグループの仕組みを急ぎ足で紹介してきました。紙幅の都合で説明を省略した部分もあるため、「あれ？　ここはどうなってるの？」と疑問が湧いた人もいたかもしれません。

そこでここからは、よく受ける質問をいくつかピックアップし、それにお答えする形で、みなさんが気になる点について解説していきます。これらを読むことで、ボーダレスグループの「リアル」を分かっていただけるのではないかと思います。

Q

1500万円の資金を使い果たしても、リバイバルプランが認められれば何トライでもできるとなると、どうしても「甘え」が出ませんか?

何度でも挑戦できる、というのはチャレンジする環境をつくるうえで、一番大切にしていることです。実際に2トライ目に入っている起業家もたくさんいます。

「他人のお金で、失敗しても個人負債にはならない。しかも何トライも許される環境では甘えが出るのではないか」とよく聞かれますが、実際には逆です。事業を始めたら、利益を出すことがどれだけ難しいことかが痛いほど分かります。みんなが必死の思いで捻出した利益を使わせてもらって挑戦している、というのは、**自己責任で銀行から借りているよりもむしろプレッシャーを感じる**のです。

その証拠に、僕は2トライ目で成功すればいいと言っていますが、起業家たちは違います。なんとか1トライ目で成功させようと、どの起業家もものすごく粘ります。1トライ目で芽が出なければ、さっさと白旗を揚げて2トライ目に移ればいいものを、なかなかそうしません。銀行残高があと数十万円になっても、なんとか生き延びようと切り詰めて切り詰めて挑戦し続けるのです。

中には、「資金が尽きてしまうから」と自腹を切って広告を打とうとする起業家もいました（それはさすがに止めました）。クラウドファンディングで資金を集めた起業家もいます。「ボーダレスに参加しながら、クラウドファンディングして大丈夫なの？」とボーダレスグループの見え方を心配した友人からも連絡をもらいましたが、僕はあえて止めませんでした。起業家が自ら生き延びようとする、みんなからもらった1500万円でなんとか事業の突破口を見つけようとする彼らの姿勢は、まさに起業家の本来あるべき姿です。

グループ全体の代表としての僕の役目は、彼らの事業が軌道に乗るまで何トライでも続けられる体制を整えること。つまり、それに耐えるだけのペイシェントマネー（＝忍耐強いお金。第4章参照）をちゃんと用意できるようにしておくことです。

一方、起業家としては、グループのサポートはあるけれど、それに依存するのではなく、自分たちでちゃんとやっていくんだという独立独歩の精神が不可欠です。現実問題として、もし銀行からの借入れで事業をする場合、資金が尽きたら終わりです。グループに参加する起業家たちにはその心配はないにしても、それと同じ覚悟を持って事業に取り組むことは、起業家のけじめとして大事です。起業家側にその姿勢があってこそ、「何トライでも挑戦していい」に意味が出てくるのです。

このように、**資金を出す側は思いやりをもって、それを受ける側はけじめをもってことにあたる、そのお互いの意思がとても大切**です。だから、ボーダレスグループの起業家には、自分でリスクを負わなくていいからとただお金だけもらって、適当にお金を使い潰すようなフリーライダーは一人もいません。もし今後、そのような起業家が出てきたとしたら、真っ先に辞めてもらうのが僕の一番重要な仕事になるでしょう。

Q

社会起業家から持ち込まれた案件について、どこを見て判断しているのですか？成功するビジネスとうまくいかないものの違いとは？

毎週何件もボーダレスグループで起業したいというエントリーが寄せられますが、**ビジネスモデルの良し悪しは見ていません**。それは、あとでどうにでもなるからです。

僕たちが社会起業家に見ているのは、**本気で人生をかけてその社会問題を解決する覚悟があ**

るかどうか。それは個人的な「夢」ではなく、社会のためにから始まった「志」かどうかです。

みんな「社会のためにやりたい」と同じ言葉を使いますが、それが個人的な範囲の個人的な夢であれば、努力の仕方もそれ相応にしかなりません。

一方、社会のために自分は何ができるか、から始まる人はそこにかける意気込みも努力の仕方も違ってきます。個人的な夢ではなく、みんなが応援したいと思う「みんなの夢＝志」になります。その志は、みんなで切磋琢磨し高め合う環境を求めています。そういう志を持った人にとってボーダレスグループは最適な環境だと思います。

その志が表れてくるのが**「ソーシャルコンセプト」**です。ソーシャルコンセプトについては第3章で詳しく解説しますが、簡単に言うと、「誰のどんな社会問題を解決して、どのような社会を実現したいのか」ということです。

ソーシャルビジネスは、社会変革を起こすための手段であって、ビジネスそのものが目的ではありません。**事業が成功するかどうかは、起業家本人がつくりたい社会像が明確か、そして本気でその理想の社会を実現したいと思っているか、にかかっています。**

ですから、大切なのは志であって、その時点で持ち込まれるビジネスプランの精度は問題ではありません。志がしっかりしていて、そこに行動が伴っていれば、たとえ本人のビジネス経験が浅くてもいい。ビジネス知見の豊富なスタートアップスタジオ、バックアップスタジオ、そしてグループ社長たちみんなでサポートしていけばいいのです。

事業が成功するために一番大切なことは、成功するまで続けられるかどうかです。続けていれば、事業はいつか必ず成功します。

第4章では、立ち上げ期のビジネスをいくつか紹介していきます。それを読んでいただくと分かるように、事業の立ち上げ期は、とにかく予定通りにはいかないものです。まったく芽が出ない時期がしばらく続きます。起業家の心はくじけそうになります。そこであきらめてしまうか、それでも粘り強く続けられるか、そこが分かれ道です。

だからこそ、自分が儲かればいいと始めたビジネスは、厳しい局面でやめてしまう。儲かると思ったから始めたのに、儲からないならやる必要はありません。起業の成功確率が低い原因はここにもあります。

一方、この社会問題をなんとしても解決するんだ、という志で始めたものは、どんなに苦しい局面でもなんとか続けようとする。それが真の社会起業家の姿であり、社会問題解決のためのソーシャルビジネス特有の強さでもあります。

Q
それでも事業から撤退するのはどんなとき？ 実際に撤退した事業にはどんなものがありますか？

「うまくいかないから事業そのものを撤退する」ということは基本的にありません。手を替え、品を替え、何とかうまくいく方法を探していきます。その理由はひとえに、助けたい人や地域を巻き込んで始めるソーシャルビジネスには彼らの生活がかかっているからです。

逆にいうと、この事業がたとえ成功したとしても、考えていた社会問題に対して大きなインパクトは与えられないと分かった時は撤退します。つまり、**ソーシャルコンセプトを間違えた時は、どんなにビジネスとして成功しそうだとしても続ける意義はありません。**

以前、新規事業として始めた子ども食堂からの撤退は、その一例です。貧しいシングルマザーをサポートするため、そして子どもに居場所を提供しようと地域食堂を始めました。

ところが、事前情報とは打って変わって、蓋を開けてみれば、そのお店の周辺には貧困家庭は少なく、このような子ども食堂を望むシングルマザーもほとんどいないことが分かったのです。それでは、たとえビジネスとしてうまく回り、地域食堂としては必要とされたとしても目的とした社会問題の解決にはつながりません。そういう時は、いろいろな継続のための理由を探さず、スパッとやめることも大切です。

Q 「社長をやってみたけど向いていなかった。辞めたい」という人も出てくるかもしれません。そういう場合はどうするのですか？

もちろん、いつでも辞められます。「社長を辞めたい」と言ってきた人も、実際にいます。

社長に向くかどうかは、やってみないと分かりません。**やってみて自分に向いていないと思ったら、辞めるのは自由**です。本人の望む人生を送ってほしいので、僕は引き止めません。

そうでなければ窮屈でしょう。もし、社長になったら最後、永遠に辞められないとしたら、起業のハードルはさらに高くなって、挑戦する人は増えていきません。

ただし、**起業家が社長を降りる時は、基本的に事業も停止します。**僕たちは社会起業家の集まりなので、その人が始めた事業は、その人が最後まで責任を持つ。そういうけじめは必要だと思っています。

もちろん、次の社長候補がいる場合は、その人が引き継いでやるのが一番いいですし、もしいない場合は次期社長を募集するのもありです。特に、ある程度の期間事業をしていて、すでに多くの人を雇用している場合は途中でやめられませんから、次の社長を必ず探して事業を継続します。

いつ辞めてもいいと言いましたが、最初からそのつもりではいけません。「将来のことは分からないので、とりあえず5年間はこの事業をやってみようと思います」では困ります。そんなリーダーの元に集まるメンバーはいませんし、本気で応援してくれる人も出てこないでしょう。そうやって本当に困っている人を巻き込むのはまさに自己満足です。

それでも、将来のことは分からないし、もしかしたら別のことがやりたくなるかもしれません。だから、そうなった時はしょうがない。仲間の素直な気持ちを尊重して、「社会のためによく挑戦してくれた。ナイストライだった！」と快く全員で送り出せるのがボーダレスグループの素晴らしさでもあると思います。

Q

グループ会社とボーダレス・ジャパンの資本関係はどうなっているのですか？

ボーダレス・ジャパンが各グループ会社に対して１００％出資しています。したがって、資本関係でいうと、ボーダレス・ジャパンが親会社、各社が子会社になりますが、**〝親会社〟〝子会社〟〝本社〟という言葉は一切禁止**されています。

ボーダレス・ジャパンが１００％出資をしている理由は、先述した通り、グループ間での「恩送り」としてのお金の流れをつくるために必要だからであって、そこに上下関係や支配関係はありません。

１００％出資をしているからと言って、ボーダレス・ジャパンがこうしろ、ああしろ、と経営指示を行うことは一切ありません。グループの起業家は、投資の判断も、誰を採用するかも、自分の給料も、誰の承認も必要なく自由に決めています。

「なぜ１００％出資にしているのか？　社長が10％でも20％でも株式を持ったほうがよりやる気になるのでは？」という質問もいただきます。

そうしない理由は明確です。先ほど説明したように、僕たちは**株式会社間における「恩送り」を実現するために株式配当を利用**しています。ボーダレスグループには、年間２億円の余剰利益を出す会社もあれば、どれだけ頑張っても年間3００万円の余剰利益しか出ない海外拠点の会社もあります。彼らがその余剰利益を共通のポケットに入れようとした時に、もし各社長が10%ずつ株式を持っていたらどうなるでしょうか？

2億円の余剰利益を拠出する会社の社長には、その10%＝2０００万円が同じく個人配当されることになります。一方、3００万円拠出する海外の社長はその10%＝30万円しか配当されません。

最終利益額は、個人の頑張りや力量だけでなく、事業モデルそのものにも大きく依存します。純粋に余剰利益をみんなで出し合って、新たな社会起業家の誕生を支えようとしているのに、これはあまり気持ちのいいものではありません。

そのため、ボーダレスグループは株式配当による個人利益を否定し、「恩送りを実現するための手段」としてのみ、株式制度を活用しているのです。

Q

共通のポケットに入れる金額は、各社の社長が自分で決めているのですか？

はい、社長が自由に決めています。社長たちによる自己申告制です。

「各社の社長の自己裁量だとすると、自社の取り分を多くして、恩送りに回すお金を少なくする会社が出てこないか？」という質問もよくありますが、前提として、僕はソーシャルインパクト拡大のために各社が自己投資していくことはとてもいいことだと思っています。ところが、実際にはまったく逆のことが起きているのです。

ボーダレスグループでは、各社の拠出金が減るどころか、むしろ各社が拠出金を出しすぎる傾向があります。僕が懸念しているのは、実はそちらのほうです。

どの社長も新会社を応援したい気持ちがとても強いので、積極的に資金を拠出しようとします。今は事業拡大に専念すべきステージの会社までも、自己投資をセーブして拠出に充てようとするので、「恩送りに回すよりも、自分たちの事業拡大に使ってください」と言っているくらいです。

なぜ、そんなことが起こるのか？

それはやはり、グループの社長たち全員がグループの意思決定者であるからだと思います。

２０１９年には、年間で12社が設立されましたが、それに対する意思決定もすべて社長たちが自ら行っています。余剰資金を多く拠出すればするほど、より多くの社会起業家を迎え入れることができる。社会起業家が増えるほど社会が良くなっていくことをみんな分かっているので、拠出金を抑えるどころか、出しすぎてしまうのです。

拠出金の出しすぎを是正するため、恩送りへの拠出額を余剰利益の一定割合に定めることも検討しています。割合を固定してしまうと、柔軟性に欠けて別の課題も出てくるので詳細はよくよく検討しながら設計していきますが、最後はこれも社長会みんなで話し合って決めることになります。

Q

グループ各社の社長の給料って、どうやって決めているのですか？

各社の社長が自分で決めています。

創業資金1500万円の中で自分の給料もやりくりするため、立ち上げ期は、みんな自分の給料はギリギリまで抑えています。毎月20万円以下にしている社長もいます。一方、親の介護などで毎月50万円はどうしても必要だという人は、最初から50万円と設定している人もいます。自分の報酬をどうするかも含めて、お金の使い方は完全に起業家に一任されています。

ただ、実際のところ、社長というのは創業期の給料をそんなに気にしていません。たとえば僕の場合、創業期はしばらく月7万円でした。学生時代の同級生が毎月何十万円ももらっているのに対し、僕は結婚して子どももいるのに毎月の家賃がギリギリの生活でしたが、気になりませんでした。自分が好きで始めた事業です。その事業が軌道に乗るまでは自分の給料なんかろくにもらえないのが当たり前という感覚がありましたし、事業さえ軌道に乗れば、自分の報酬も上げられます。ですから、創業期の社長たちは、自分の報酬をそれほど気にしていません。

しかし、**創業期のお金の苦労が壮絶すぎると、後々その反動がやってくるのも事実**です。創業期の社長はたいてい、貯金も底をつくギリギリの生活を送っています。そのため事業が軌道に乗ると、昔の苦労した分を取り返そうとして、自分の報酬だけドカーンと上げてしまう経営者が少なくありません。自分が高い報酬をもらうのは当然の権利、と勘違いしてしまうのです。

それを防止する狙いもあっての「経営者の報酬は、一番給与の低い社員の7倍以内」というルールなのです。

いつまでも給料が低い必要もありませんが、欲張りすぎるのは美しくない。そういう「足るを知る」という意味もこのルールには込められています。

実は一時期、社長の年棒は最低400万円とルール化したこともありました。創業期にお金に苦労した僕としては、起業家に同じ苦労はさせたくない、給料の心配をせずにチャレンジできることが大切だと考えて、創業期の年俸を最低400万円に決めたわけです。

でも、うまくいきませんでした。事業が成功してもしなくても**安定した収入があると、社長というより、事業部長のような感覚になってしまいどうしてもスピードが出なかった**のです。「自分は1円も稼いでいなくて、みんなのお金を使っている状態なのに、400万円もらっているのはやはり間違っていると思う」。社長たちが自ら申し出て、このルールを廃止しました。このように、社長の報酬一つとっても、いろいろな実験を繰り返しながら今に至っています。

Q グループ会社間で人が異動することもあるのですか？ 人事制度はグループ全社で統一しているのですか？

給与テーブルの考え方や四半期面談シートなど、ボーダレス・ジャパンが培ってきたものはノウハウとして共有していますが、それをどこまで使うかは各社次第です。

グループ会社間で人が異動することもありますが、すべては本人の意思によるものです。ジョブローテーションのような形でグループ間での人事異動を行っているわけではありません。

なお、創業以来ずっと**会社都合による人事異動は一切やらない**と決めています。会社の命令で、家族が離れ離れになる単身赴任などもってのほかです。あくまで、個人の自由。本人の希望があれば異動できる、という形です。

たとえば、AMOMAにずっと携わってきたあるメンバーは、同じ福岡オフィスにいる立ち上がったばかりのPOST&POST（子ども服のリユース事業）が苦労している姿を見て「自分も役に立ちたい」と異動を希望しました。その場合も、ボーダレス・ジャパンが仲立ちするわけではなく、自分が所属するAMOMAの社長と、異動希望先のPOST&POSTの社長の両方に本人が直接話して異動を決めます。いわゆる普通の転職と同じです。

異動して会社が変われば、当然給料も変わります。たとえば、創業したばかりの会社から、事業基盤のしっかりした会社に移れば給料は上がるでしょうし、その逆も然りです。実際、給料が下がると分かった上で、立ち上がったばかりの会社にいく人もいます。すべては本人次第です。

人材採用も各社が自由に行っています。

ところが実際は、無名のベンチャー企業が単独でリクルートしてもなかなか優秀な人材を採用するのは難しい。そこで、スタートアップスタジオの採用チームがサポートを行います。採用したい人材の要望をヒアリングし、ボーダレスグループのホームページ上で求人情報を掲載したり、採用イベントを開催したりして、各社の採用支援に入ります。

それでも、採用チームがサポートするのは求職者を集めるところまでです。実際の面接、そして誰を採用するかを決めるのは、あくまで社長です。僕自身も、組織設計や人事、採用に関してアドバイスを求められた際は助言しますが、最後に決めるのは社長自身です。

第2章
この〝仕組み〟がどうやって生まれたのか。その実験の歴史

第1章で、ボーダレスグループの現在の姿はだいぶ分かっていただけたのではないでしょうか。

もちろん一朝一夕にできあがったわけではありません。

創業当初は、ビジネスそのもので社会問題を解決するという発想はなく、事業内容はなんでもいいからとにかく稼いで、売上の1％をＮＰＯやＮＧＯに寄付することが目的でした。

資金繰りが本当にきつくて、何千万円も借金し、家族・親戚には借り尽くして、ついには社員の家族にまで借金して何とか生き延びてきました。

そうした苦しかった経験が、今の一つひとつの仕組みにつながっています。そこで第2章では、「この仕組みがどのようにして生まれてきたか」を時系列でたどってみたいと思います。

1. ソーシャルビジネスにたどり着くまで

「人生の使い道」を模索していた大学時代に、貧困問題に出会う

「田口さんはどうしてボーダレス・ジャパンを始めたのですか？　そもそも、ソーシャルビジネスや社会問題解決に関心を持ったのは、何かきっかけがあったのですか？」

よく聞かれますが、何か劇的な出来事や体験があったわけではありません。

僕は福岡で生まれ、ごく普通の家庭で育ちました。

そして大学入学と同時に上京。大学では授業にはほとんど出席せず、仲間と毎晩、酒を片手に哲学や将来について語り明かす、そんな毎日を送っていました。

子どもの頃から負けず嫌いで、やるからには何事も一番を目指さないと気がすまない性格です。「東京に出てきたからには、何者かになってやろう」と気概だけは十分でしたが、これといった目標があったわけではありませんでした。

一度しかない自分の人生を何に使うのか、「人生の使い道」を模索する毎日でした。

そんなある日、たまたま観たテレビのドキュメンタリー番組で、栄養失調でお腹を膨らませているアフリカの子どもの映像に目が釘付けになりました。

先人たちが過去何百年もかけて貧困問題に取り組んできたはずなのに、今の時代になってもまだ貧困に苦しんでいる人がいるのか……。生死にも関わる貧困問題が、いまだに解決されずにいることに衝撃を受けたのです。

と同時に、**「これこそが自分の人生をかけるに値するテーマだ」**と直感しました。

もともと、敵が強ければ強いほど燃えるタイプ。人類の先輩たちがいろいろ取り組んでも解決できなかった貧困問題は、これ以上ない強敵です。

まさに相手に不足なし。

こうして貧困問題というテーマに出会い、僕の負けず嫌いに火がついたのです。

「貧困問題を解決したいなら、自分でお金をコントロールできるようになりなさい」

貧困問題の解決に取り組むと決意してすぐに動き出しました。現場での支援活動に従事したいと考え、国際的に活動するＮＧＯ団体に話を聞きに行ったのです。

そこで、思いもよらない言葉をかけられました。

「田口君、本当に貧困問題をどうにかしたいと考えるのなら、君の来るべき場所はここじゃないよ。私たちのように寄付金や助成金に頼るのではなく、自分でお金をコントロールできる人間になりなさい」

その人が教えてくれたのは、**寄付金には寄付者の意向が伴うし、助成金はその時々でテーマが変わる。じっくり取り組む必要があっても、常に資金との闘いでなかなかそうもいかない。**そんなもどかしさに足踏みする支援現場の現状でした。

貧困問題の解決には、よりダイナミックかつ継続的に活動していくための資金が必要なのだと教えられて、僕はなるほどと思いました。

だったら、自分がお金を稼いで、現場で活動する人たちを支援しよう。僕が活動する人たちに安定してお金を送り続ける役割を果たせばいいんだ。

そのためにはビジネスだ。

ビジネスならアメリカで学ぼう！

こうやって突進するあたりが僕の単純なところです。留学費用を貯めるため、アパートを解約して友人の家に居候し、1年間ラジオで英語を勉強しながら、毎日夜中まで居酒屋でバイトをしました。

そして、3年生の夏から大学を休学して、アメリカのシアトルにあるワシントン大学（University of Washington）のインターナショナルビジネスプログラムに1年間留学しました。

アメリカ留学で学んだことはビジネスではなかった

当時（2001年）はアメリカの大学でMBAを取得するのが流行り始めた頃で、僕の思考も自然と「ビジネスならアメリカだ」となったのだと思います。アメリカの大学で勉強しながらビジネスプランを練り上げて、それを引っ提げて日本に戻るというのが当初の僕の計画でした。

ところが、起業やマーケティングの授業を受けていても、英語がさっぱり理解できません。しかも、次の授業までに読まなければならないテキストの量が膨大で、1日に何十ページも宿題が課されます。はじめのうちは辞書を引きながら真面目に取り組んでいましたが、すぐに馬鹿らしくなりました。

日本語で読めば一瞬で終わることに、なぜ3時間もかける必要があるのか。自分はこんなことをするためにアメリカに来たわけじゃない。

それで、授業に通うのをやめて、大学の図書館にこもって自分でビジネスプランを書き始めたのです。

アメリカ留学で、年齢や性別、立場を超えて多種多様な人たちと出会えたことは、大きな学びになりました。

たとえば、世界的大手企業のマーケティング支援をしている会社の重役につく知人。ある日突然、「カズ、来週で会社辞めるよ」と言い出すので、理由を聞くと、「哲学を勉強したくなったから大学に行くんだ」と言うのです。「生き方が自由だなぁ」と新鮮な驚きでした。

アメリカ留学時代。前列、左から４番目が筆者。このときの多様な価値観を持つ人たちとの出会いが、今の経営にも活かされている

また、渡米後、半年間のホームステイを経て、シェアハウスに移り住んだことも貴重な経験となりました。

そのシェアハウスには、本当にいろんな人が暮らしていました。社会人もいれば、学生、無職の人もいました。

その中に、ラムジーという名の心優しい男がいたのですが、彼は無職で、いつも大声で歌っている少し変なヤツでした（笑）。でも、新たな入居者が加わると、いろいろな場所に案内したり、すごく面倒見がいいんです。「**人間の価値というのは頭の良さや仕事のポジションで決まるわけではなくて、心の優しさがやっぱり一番大切だよな**」と気づかされました。

他にも、隣の家の屋根裏に住む男性は、

僕しか友達がいないんだと夜中にいつも僕の窓をノックしにきては、一緒にタバコを吸いながら彼の田舎の話などいろんな話をしました。面白い人がいっぱいいて、彼らとの交流の中で学んだことはたくさんあります。

「みんな違って、みんないい」

そう素直に思えるようになったのも、この留学の経験があったからです。

ちなみに、帰国後に起業したボーダレス・ジャパンで、「ボーダレスハウス（BORDERLESS HOUSE）」という多国籍シェアハウス事業を立ち上げるのですが、この事業は留学時代のこうしたシェアハウス経験から生まれました。

さて、肝心のビジネスプランづくりの話に戻します。

シアトルといえば、日本でもお馴染みとなった、スターバックスやタリーズといったスペシャルティコーヒーカフェの発祥地です。僕が滞在していた頃も街にはカフェが溢れていました。

そこで思いついたのが、スペシャルティカフェのＴＥＡ版です。カフェに来ている理由はコーヒーだけじゃない、この「場」にくつろぎに来ているんだ。当時、僕はコーヒーが飲めなかったこともあり、ＴＥＡカフェがあったらいいのになと思いました。お茶は健康にもいいし、緑茶、烏龍茶、紅茶、ハーブティ、フルーツティと様々な種類があって、いろいろな楽しみ方の提案もできます。

これだけカフェのマーケットがあるなら、発展途上国の貧しい農家からフェアトレードで茶葉を買い、お店で提供する仕組みをつくれば、貧困農家を救えるのではないか——。そう考えて、ＴＥＡカフェのビジネスプランを書き上げたのです。

日本で事業を展開する前に、お茶のことをちゃんと勉強したいと思い、事業計画書をプリントアウトしてシアトルのＴＥＡショップに飛び込んでは、日本に帰ったらこんな事業を開きたいので修行させてくれ、とお願いして回りました。

そこで出会ったのが、BLUE WILLOW TEAというＴＥＡレストランのオーナーで、茶葉の輸入から卸・小売、レストランまで幅広く展開していました。彼は僕の事業目的に共感してくれて、無給で働く代わりに、お茶やブレンディングについて学ばせてくれることになりました。週末も二人で一緒に店の改装をしたり、帰国する時には「ワーキングビザを出すから残ってくれないか」と言われたほど、歳の離れたよき友人になっていました。僕がつくったブレンドレシピ「World Peace」は、その店のメニューにもなりました。

帰国後、起業を目指したが……投資家から「社会貢献は儲かってから」と言われる

帰国してすぐ、留学先であたためていたＴＥＡカフェのビジネスプラン「ゴールデンドロップティ」で起業を目指すことにしました。一足先に卒業予定だった大学のゼミ仲間たちも一緒にマーケティング調査をしてくれました。そのときロゴデザインなどを考えてくれたなおみ（小川直美）も、のちにボーダレス・ジャパンに参画することになります。

留学ですっかりお金を使い果たしていたため、まず始めたのは事業資金集めです。ビジネスプランコンテストに出場したり、ベンチャーキャピタルを回ったりしました。

しばらくして、１０００万円を出資してくれるベンチャーキャピタルが現れたのですが、最後の詰めの部分で交渉は難航しました。

僕は貧困農家から直接茶葉を買い付けるつもりでしたが、「いきなり貧しい農家と取引するのはリスクが高い。良い品質の茶葉を安定して安く買えるように、最初は商社から買うべき」と言われました。

お金を出す立場からすれば当然かもしれません。また、未熟な僕のことを心配して真剣に

アドバイスしてくれていることもよく分かりました。それでも、社会貢献は儲かってからすればいい――彼らがそう考えていることも同時に分かりました。

それでは貧困農家を救うことはできないので、事業をやる意味がありません。僕はそう伝えて、結局、物別れに終わりました。

実は**このときの経験が、「出資は受けない」というボーダレスグループの方針へとつながっていきます。**

「出資」で得た資金は返済義務がありませんが、その代わり出資者＝株主の意見を無視できなくなります。もしも「社会貢献は儲かってからするもの」という考え方の株主がいたら、もしくは途中からそのような考えに変わったら、自分の信じる道を歩めません。

あれから20年近くたった今では時代も変わり、社会性を尊重してくれる株主もいるでしょうが、当時はみんなに「田口くん、悪いこと言わんから、社会貢献は儲かってからにしときなさい」と言われたものです。

実際、25歳で**ボーダレス・ジャパンを立ち上げてから現在まで、どこからも出資を受けていません。創業期に資金繰りに苦しんでいた時期も、出資の話はたくさんありましたがすべて断り、「借入れ」にこだわりました。**借入れであれば、返済や利払いの義務がある反面、自由に経営できるからです。

出資を受ければ、資金繰りはもっと楽だったと思います。それでも当時借入れにこだわったからこそ、現在、社長会を最高意思決定機関としたボーダレスグループらしい果敢な決断やチャレンジが実現できているのも一つの事実です。

採用面接で「3年で辞めます」と言ってミスミに入社

一方で、ベンチャーキャピタルとの一件では、自分の未熟さを痛感せざるを得ませんでした。

「自分にはビジネス経験が圧倒的に足りない。このままTEAカフェを立ち上げても、おそらく大きなインパクトを出す事業に育てることはできないだろう。それでは貧困問題を解決するなんて夢のまた夢じゃないか……」

このまま起業すると、むしろ小さく終わってしまう。そこで、**ビジネスを実地で学びつつ、起業資金を貯めるため、企業に就職して3年ほど修行することに**しました。

その修行先に選んだのが、精密機械部品などの専門商社である株式会社ミスミ（現・株式会社ミスミグループ本社）でした。ビジネス全般を俯瞰（ふかん）して見ることができ、事業を一気通貫してまわす経験ができそうだというのがミスミを選んだ理由です。

最初から3年と決めていたので、面接でもそのようにはっきり言いました。すると、「ミスミはなぜ君を採用するといいの？」と面接官に質問されたので、こう答えました。

「僕は3年で辞めますが、将来は1兆円企業をつくります。そのときには、僕がミスミ出身であることを公言しますから、『自分もああいう人になりたい』と優秀な人材がたくさん入社することになります。社員である間は誰よりも稼ぐことを約束します。卒業したあとも優秀な人材が入ってきますから僕を雇ったほうがいいと思います」

そんな僕の大風呂敷に対して、「君、面白いことを言うね」と採用が決まりました。

同期と意気投合し、将来一緒に会社を立ち上げようと誓う

ミスミではできるだけいろいろなことを経験するため、小さな新規系の事業部門を希望して、メディカル事業部に配属となりました。アスクルの病院版のようなもので、動物病院や

クリニックで使う医療材料などをカタログで販売する事業です。当時は売上20〜30億円ほどの小さな事業体でしたが、商品開発からコピーライティング、マーケティング、物流、コールセンターまで幅広い仕事を経験することができました。

まだ日本に入ってきていない優れた商品を探しに海外の展示会に行き、ヨーロッパの製薬会社や手術器具メーカーと独占契約を結び、日本での販売戦略からマーケティングまで一人でやらせてもらいました。ヨーロッパとは時差があるので、よく真夜中に彼らと電話会議をしていました。

ある製薬会社はミスミと取引を始める前、売上数千億円ある医薬品流通大手と日本での販売契約の交渉を2年ほどしていたそうです。それをたった売上数十億円のミスミがやってきて一気に独占契約を決めたのです。そのことをあとで知って、ミスミを選んでくれた理由を聞くと、「彼らは何人も会議に出てきて、何日も議論を繰り返す。いつまでたっても話が進まない。ミスミは、カズ一人が出てきてその場で決めていく。日本での販促プランもいろいろ考えてくれて、毎日こうやって電話で議論し合える。信頼できるからだ」。

彼のその話はとても記憶に残っていて、ボーダレス・ジャパンを創業後も、ベンチャー企業はスピードこそが最大の武器である、という僕の一つの経営スタイルにつながっています。

2年しかない中で（実際に働いてみて修行は2年で十分だと思ったので、入社半年後の研修で、人事部に「3年と言ったが、やっぱり2年で辞める」と伝えました）、一つでも多くのことを学ぼうと、全力で仕事をしました。毎日夜中まで働き、週末は朝からカフェにこもりビジネス書を読んでは、事業戦略を描いたり販促アイデアを考えたりしていました。月曜日になるのが楽しみでした。

「田口さんはドッグイヤーだね。7倍のスピードで成長していく」と、先輩に言われるほど仕事に打ち込み、25歳でミスミを辞める時には海外のメーカー2社から「日本法人をつくって社長のポジションを用意するから残ってくれないか」と連絡をもらいました。もちろん丁重に断りましたが、彼らとは今でもFacebookでつながるよき戦友です。

2年で辞めると分かっている僕に、やりたいように仕事をさせてくれたミスミの上司、先輩、後輩たちには本当に感謝しています。ですから、1兆円企業をつくる、優秀な人が入ってくる、というミスミとの約束は本気で守ろうと思っています。ここでミスミのことを書いているのもそのためです。

ミスミでは、今につながる良き仲間との出会いもありました。

採用面接で隣にいたのが、ボーダレス・ジャパン副社長のすーさん（鈴木雅剛）です。すーさんの第一印象は、理路整然と話すすごいヤツ。「わたくしはこのように考えます」という口調で話すので、こういう人が面接に受かるんだろうな、と思った記憶があります（本人は、そんなしゃべり方してないと言いますが、とにかく頭がキレるなぁという印象でした）。

一方、すーさんは、僕と面接官のやりとりを聞いて、「こいつは１００％落ちた」と思ったそうです（笑）。だから、内定式で僕の姿を見つけて驚いていました。こんな生意気な学生を採用するミスミという会社は、本当に懐の大きな会社です。

内定式で再会した後すぐに意気投合した僕たちは、入社前に、あるベンチャー企業の営業部の立ち上げをしたり、南米の名門サッカークラブチーム、ボカ・ジュニアーズ日本の理事として当時国内で最大のチャリティフットサルイベントをつくったりする中で、将来は一緒に会社を立ち上げようと誓い、お互いに切磋琢磨しました。

同期だったヨッシー（吉田照喜）、作ちゃん（作内大輔）、李ちゃん（李成一）ものちにボーダレス・ジャパンに参画することになります。

起業するも、寄付できたのはたったの7万円

入社からちょうど2年が経ち退社した僕は、不動産の仲介サイトで起業しました。
たまたまいろんな縁でこの仕事を始めましたが、事業内容は何でもよかったのです。
僕の頭にあったのは、学生時代に出会ったNGO団体の人の「活動資金が足りない」という言葉でした。現場で活動する彼らに、毎年安定してたくさんお金を送れる存在にならなきゃ。
あくまでも、これが僕のビジネスを始める動機だったのです。売上1兆円の会社をつくって、その1%の100億円を毎年寄付しよう。毎年100億円を確実に寄付できる会社があったら役に立てるはず、と。

だから**当時は、事業内容は何でもいいと思っていました。**

事業の中身にこだわりはなかったものの、困っている人を助けたいという思いが根底にあるので、お困り事に耳を傾けるうちに、事業内容はどんどん変化していきました。

そもそも不動産の仲介サイトを始めたのは、「集客が大変なんだよ」という小さな不動産

会社の社長さんたちの言葉を聞いたからです。当時の不動産情報サイトは、広告費の少ない地元の不動産屋さんには不利でした。広告予算が大きいほど、たくさん物件を掲載できるという広告システムだったためです。当然、たくさん物件を掲載している会社にお客さんは流れていく。それで地元の不動産屋さんが手軽に利用できて、しかも不動産を探すお客さんにも使い勝手のいい、一括見積サービスの仕組みをつくりました。自分が探している希望条件を登録すると、そのエリアの地元不動産屋から物件の提案がメールでいっせいにもらえるというものでした。不動産屋さんは、この見込み客の紹介に対して一人あたりいくらという形で払えばよかったので、小さな不動産屋さんでも参加できました。

この一括見積サービスを展開していくうち、今度は、存在しない好条件の物件、すなわち「おとり物件」でお客さんを釣る不動産業界の悪習を知りました。その物件を見るためにわざわざ上京してきたお客さんにとっては、たまったものではありません。

不動産業界の悪習を知りながら、それでお金をもらっていてはいけないと思い、一括見積サービスは売却して、今度は自分たちで不動産免許をとり、いち不動産屋としてそのサービスに登録して物件を提案する側になりました。

それをきっかけに、おとり物件に一番悩まされていた、地方から１～２日で家探しに上京してくる人たちを対象に、無店舗型の賃貸仲介業を始めたのです。電話でヒアリングした希望条件をもとに、事前に空き状況や入居条件などを確認した物件をメールで数十件提案し、その中から数件選んでもらったものを、当日は鍵を準備した状態で駅で待ち合わせして物件を案内しました。

地方から出てくる新入社員や転職者の役に立とうと、法人と契約し、社員の部屋探しを請け負いました。契約は70社ほどに増え、スタッフも十数人になりました。

ビジネス自体は順調な立ち上がりでしたが、**当時は365日休みなく働いても、年商は2000万円。そこから寄付できるのは1年に20万円だけです**（前身の有限会社ボーダーレス・ジャパンの初年度の売上は700万円でしたので、起業1年目の寄付額はわずか7万円でした）。

これでは社会を変えるなんて到底できないな……。そんな焦りを感じ始めていました。

「ビジネスそのもので社会問題を解決できる！」という気づきが大きな転機に

そのうち、ある外資系企業から外国人社員の部屋探しを依頼されるようになりました。

やってみて驚いたのは、外国人の入居が軒並み断られたことです。その理由は、外国人は臭い、うるさい、ルールを守らないなど、偏見に満ちたものでした。

僕はアメリカで何の問題もなく部屋を借りることができたのに、日本では外国人に部屋を貸さないのです。「せっかく日本に来てくれた人たちにこの対応はあり得ない」と憤りを覚え、外国人向けの部屋探しを真剣に請け負い始めました。

会社が後ろ盾となるビジネスパーソンはまだいいのですが、一番困っていたのは留学生でした。なかでも小さな大学や日本語学校の留学生は深刻な状況で、部屋を借りられない留学生たちは、先輩の部屋に何人も居候して暮らしているような状態でした。

池袋にある日本語学校に話を聞きに行ったとき、その学校の先生は、こんなことも教えてくれました。「特にアジア系の留学生は日本人と交流する機会が少なくて、その多くが日本人の友達ができないまま帰国している。それがとても残念だ」というのです。

そこで、授業が終わったあと生徒さんたちにも聞いてみました。

「日本人と一緒に住めるシェアハウスがあったら、住みたいですか？」と。

すると、みんなが声を揃えて**「絶対に住みたい。日本人の友達が欲しい」**と言ったので、僕はそれをつくることに決めました。

当時、「外人ハウス」と呼ばれる安宿のゲストハウスはあったものの、僕たちが目指すコミュニティとしての交流を目的としたシェアハウスはあまり存在しませんでした。不動産会社に説明しても、なかなか理解されません。賃貸申込書の用途欄に「シェアハウス」と書くと、シニアハウスと勘違いしたのか、「うちはシニアはダメだよ」と言われたのは、今となっては懐かしい思い出です（笑）。当時はシェアハウスという言葉自体がまったく知られておらず、シェアハウス用の物件探しにはとても苦労しました。

不動産会社の店長さんたちを集めては「シェアハウス」の概念を説明していく中で、少しずつ大家さんを紹介してくれる会社も出てきました。高齢の大家さんには「昔は、みんな長屋に住んで同じ釜の飯を食い、助け合いましたよね。今の若者たちにもそんな環境が必要です。そして、これからはグローバルな多文化共生社会です。留学するお金がない日本の若者たちにも、外国人たちと一緒に暮らせる機会をつくりましょう」と一人ひとり話をしていきました。

そんなとき、偶然ある大家さんが、「そういえば娘も留学先でそんなところに住んでたと言ってたなぁ。好きに使ってくれていいよ」と、物件を貸してくれることになりました。

物件を借り上げて、大家さんには家賃を保証し、自分たちでリフォームして、ＩＫＥＡの家具を夜な夜な組み立てました。こうしてシェアハウス事業が２００８年5月にスタートしました。

それまで日本で家を借りられなかったり、日本社会で孤立したりしていた留学生たちが、ボーダレスハウスに住み始めました。彼らが日本人と共に暮らし、文化の違いを超えてお互いに理解し合い、日本のことが大好きになって母国に帰っていく姿を見て、「彼らこそが平和の礎だ。こうやってお互いの国籍・文化・宗教を超えて友となったグローバル市民が増えていくことこそが、世界を平和にしていくんじゃないか。**ビジネスは社会問題を直接的に解決する手段になるかもしれない！**」と思ったのです。

それまでは、ビジネスはお金を稼ぐ手段と考えていました。できるだけ多く売上を上げて、その１％を寄付する。ビジネスはそのための手段にすぎませんでした。でも、ビジネスの可能性はそれだけじゃない。そんな確かな手ごたえを感じました。

ボーダレスハウスの誕生をきっかけに、これからは社会問題を直接解決するための事業に専念していこうと決めました。

寄付を通じて社会貢献する会社から、ソーシャルビジネスを生業とする会社へ――。

こうしてボーダレス・ジャパンは第二の創業を迎えたのです。

2. ソーシャルビジネスしかやらない会社へ

家族、親戚はおろか、社員の親にまで借金

社会問題をビジネスで解決する、とは決めたものの、当時、事業を黒字化するまでには大変な苦労がありました。

ボーダレスハウスの場合、1棟を立ち上げるのに少なくとも200万円かかりました。敷金・礼金と仲介手数料を払い、自分たちでリフォームし、家具や家電を備えつけると、どれだけ節約してもそのくらいかかるのです。

一方、利益はというと、入居者からの家賃総額から、大家さんへ支払う家賃を差し引いた額。そこから、人件費やオフィスの家賃など諸経費を払えるようになるためには、**20棟を運**

営してようやく損益分岐点に達するという状況でした。

そこで、最短での20棟立ち上げを目指して、毎月2～3棟のハイペースで増やしていきました。それが業界内で話題になって、「あいつら勢いがあってすごいな」と思われていましたが、経営の内実は火の車です。

20棟を運営するには、最低でも２００万円×20棟＝４０００万円の資金が必要です。当然、そんなお金はありません。銀行を頼ろうにも、小さな自転車操業の会社にそんな大金を貸してはくれません。

一方で、事業モデルや成長性に魅力を感じて出資したいという人はたくさんいました。でも、出資は受けないのが僕のポリシーであることはすでに述べた通りです。**どれだけ苦しくても、借入れにこだわって出資は一切受けませんでした。**

お金は両親に借りて、親戚に借りて、ついには社員のお父さんにまで借りました。「事業は順調です」という僕の言葉がウソだということは、照明さん（創業メンバー、吉田照喜の父）も気づいていたはず。それでも何一つ確認せず、「応援してます。息子をよろしくお願いします」とお金を貸してくれたことはいつまでも忘れません。

毎月、スタッフの給料を払えるかどうかのギリギリの状態でした。創業後すぐに結婚した妻は、アルバイト先の残り物をもらって、会社に届けにきてくれました。それをみんなで食べて、昼食代を浮かしました。

毎日終電まで働いて、体調も最悪。みるみる痩せて、体重もかなり落ちました。真夏でも鼻水が止まらない、月に1回は必ず高熱で寝込み、みんなに虚弱体質と言われていました（笑）。「体調がいいって、一度言ってみたい」と家では妻に話していました。

人生唯一の後悔

自転車操業で食いつないでいたものの、どうしようもなくなり、いよいよ今月の給料が払えない。そこで頼ったのがミスミ時代の先輩です。先輩が連帯保証人となり、先輩の親から2000万円を借りることができました。

先輩はプロのビジネスパーソンです。お金を貸すにあたってシェアハウスを見学し、入居者にもヒアリングし、社内の状況も見て、シェアハウス事業の有望性をしっかり確かめたうえでお金を貸してくれました。

ただし、借入れの条件の一つとして、固定費を少しでも下げるため一人の社員の解雇が提示されました。その社員は、不動産仲介業を始める時に、宅地建物取引士が必要ということで雇った50歳くらいの女性です。歳こそ離れていたもののみんなでバーベキューをし、一緒にカラオケにいって騒いだ仲間でした。ところが、プロの目は厳しかった。「田口、経営者としてけじめをとるべきだ」と言われました。

彼女をオフィス階下のカフェに呼び、「申し訳ないのだけど……」と切り出した途端、「私に辞めろってことでしょ！」と彼女は言いました。そして、自分の荷物をまとめて、会社を飛び出していったのです。彼女は悔しかったと思います。あれから10数年が経ちましたが、僕は彼女に一度も会えていません。

これは僕の中で、とても苦い思い出として強く心に残っています。後悔はしないのが僕の生き方ですが、何の罪もない彼女をクビにしたことは決して消せない、僕の人生最大の汚点です。そして今までの人生において、唯一後悔していることです。

あのとき、先輩に土下座してでも「誰も解雇せずにやらせてほしい」と懇願すべきでした。先輩は僕を信頼してくれていたので、僕が必死にお願いすれば、必ず聞き入れてくれたはずです。それができなかったのは、ひとえに僕の弱さでした。彼女には心から謝りたいと今でも思っています。

このことがあってから、僕は一段と厳しく経営に向き合うようになりました。もう二度と誰もクビにすることがないようしっかり経営していこう。そう心に決めたのです。

こんな苦労を他の社会起業家にはさせたくない

その後、ボーダレスハウスは何とか20棟まで増え、事業開始から9カ月で単月黒字化を達成しました。

ここまでたどり着くのにすさまじい苦労を経験して痛感したのは、**ビジネスをゼロからつくろうとするとこんなに大変なんだ、**ということです。

ミスミ時代にあれだけ仕事をし、日本法人の社長になってくれと言われるくらいには仕事ができたはずの自分、さらに、すーさんという最強の相方が僕と同じ、いやそれ以上の熱量で頑張ってくれた。そこに、ヨッシー、作ちゃん、李ちゃん、というミスミ時代の優秀な同期たちが続々と参画してくれた。それでも倒産ギリギリの状態が長く続いた果ての黒字化でした。

「これでは、誰もやりたがらない」

こんな苦労をするのは僕らだけで十分です。これから社会問題の解決に挑戦しようとする

人たちが、同じ道をたどる必要はない。その想いが原動力となって、のちに社会起業家たちをサポートする仕組みづくりに舵を切りました。

ボーダレスグループの仕組みは何を参考にしているのかとよく聞かれますが、参考にしたものはありません。創業期の苦しかった僕自身が欲しかったものを形にしようとしているだけです。

あの時の自分は何が欲しかっただろうか、どんな仕組みがあればあんなに苦しまなくてすんだのだろうか。**様々な仕組みは、「あの頃の自分と同じ苦労をさせたくない」という強烈な想いが形になったもの**なのです。

「BORDERLESS HOUSE」は不動産事業ではなく、国際平和の礎となる多国籍コミュニティづくり

話をボーダレスハウスに戻すと、シェアハウスという言葉すら浸透していなかった状態から、業界新聞に記事を書いてもらい、シェアハウスの概念を世の中に広げていきました。それと同時に、日本語学校や海外の留学斡旋機関とも連携して、利用者を増やしていきました。

やがてボーダレスハウスが世間の注目を集めるようになると、コンセプトをそのまま模倣

した競合も現れました。

しかし、本当の意味で真似できた会社は一つもありませんでした。なぜなら、僕たちはこの事業を一度も不動産事業とは考えなかったからです。

一例を挙げると、ボーダレスハウスは入居者の「国籍の多様性」を担保するため、日本人と外国人の割合を決めて、募集をコントロールしています。もし、**日本人が規定の割合を超えた場合は、空室だとしても日本人の募集は停止し、外国人のみを募集**します。

また、外国人でも「ヨーロッパ人ばかり」「アジア人ばかり」とはならないように、国籍間のバランスもとっています。それをすべてWEBサイトで公開し、どの部屋にどこの国籍の人が住んでいるのかを明示し、入居者コミュニティの多様性を担保しています。これを実現するのは簡単なことではありません。

不動産事業の収益性というのは「稼働率」にかかっています。だからそれを上げたいなら、「入居者は誰でもＯＫ」として、空室期間を少しでも減らしたほうがいい。でも、それでは多様性を担保できません。多国籍コミュニティづくりを目的とするならば、時に稼働率を犠牲にしても多様性を維持しないといけません。

多文化共生社会をつくるためにシェアハウス事業に取り組む僕たちは、それを愚直にやり続けてきました。その結果、ボーダレスハウスは新規ハウスオープンのたびに即満室になるほど人気のある事業に成長したのです。

ボーダレスハウスが目指しているのはグローバル市民を育むためのコミュニティづくりです。「文化・宗教・国籍を超えた個人のつながりこそが真の国際平和の礎になる」と考えています。たとえ国同士の関係が険悪になっても、個人同士のつながりがあれば、「いや、あの国にもいい人はいるよ」とか「メディアで言われているような人たちばかりじゃないよ」と冷静さを保てます。個人的に張り巡らされたネットワークが、国家間の対立や亀裂を深めないためのブレーキになるはずです。

そんなグローバル市民を一人でも多くつくるためのボーダレスハウスは、今では東京、大阪、京都、そして台湾や韓国にも展開し、約１００棟を運営し、世界１１１カ国以上の人々が集う多国籍コミュニティハウスに成長しています。

ついに貧困問題を解決する事業に着手。ハーブのフェアトレードに決定

ボーダレスハウスが軌道に乗ってきた頃、すーさんとこんな会話をしました。

「そろそろ最初にやりたかった発展途上国の貧困問題をやろうと思う」

「シェアハウスは俺のほうに任せておいて」

この頃から自然と、僕が立ち上げ、すーさんが整える、そんな二人の役割分担になっていきました。ビジネスは単なる金儲けの手段ではなく、社会問題を直接解決する手段であると再定義した僕は、いよいよビジネスによる貧困問題の解決に動きだしました。

ボーダレスハウスの運営はすーさんをはじめとする他のメンバーに託し、僕は本屋へ直行。「3カ月ほしい」と社内に宣言し、貧困問題に関する本を片手に、一人で貧困問題とそれを解決するビジネスの研究を始めました。

そして、当時自分なりに出した貧困問題を解決する事業アプローチが3つ。1つ目は、貧しい人に無担保で少額融資するマイクロファイナンス。2つ目は、貧困地域への旅行で現地に直接お金をおとすプロプアー・ツーリズム、3つ目が、フェアトレードです。その中で、今までの自分の経験を一番活かせそうだと思ったのが、貧しい人たちが作ったものを適正価格で取引するフェアトレードだったのです。


世界で取引されているフェアトレード品目のうち、僕が着目したのはハーブとスパイスでした。この2つなら、自分たちの工夫次第で高い付加価値をつけて売れそうだと思ったから

です。付加価値の高い商品であれば、売値を少し高くできるので、その分原価が高くなっても大丈夫。貧しい農家から高く買い取ることができます。

スパイスに関しては、各種スパイスを混ぜ合わせて作る自分専用のオリジナルスパイスのアイデアを思いつきました。自分専用のスパイスがあったら面白そうですし、多少値段が高くても買いたい人はいるだろうと思い、「カクテルスパイス」という名前まで考えました。しかし、調べていくと一般家庭のスパイス使用量は年間でもとても少ないことが分かり、大きなインパクトにつながらない、とあえなく却下しました。

ハーブは、アメリカのＴＥＡショップで修業した際にブレンドの経験がありました。ブレンドすることで味が変わりますし、ハーブごとに効果効能があるので、うまく組み合わせれば付加価値の高い商品開発も可能です。最終的にハーブに決めました。

最初は、フェアトレード認証を受けているハーブを調達しようと考えて、世界各地の認証農家に連絡しました。そしてその中の一つ、スリランカの農家団体を実際に訪ね、小規模農家たちと話をして取引を決めました。

他にも、アフリカなど様々な認証農家たちにアプローチしましたが、彼らからはまったく相手にされませんでした。というのも、これから立ち上げるハーブ商品がどれだけ売れるか分からない段階では、少量から取引を始めることになるため、「少量では取引するメリットがない」というのです。**貧困農家を救うために少しでも力になりたいと声をかけても、少量すぎて断られる始末**でした。

結局、最初の頃に直接取引ができたのはスリランカの農家団体のみで、足りない分は農家と直接フェアトレードしているイギリスのオーガニックハーブ専門会社を経由してハーブを調達することになりました。

フェアトレードやオーガニックの認証コストも払えない小規模農家がたくさんいる

当初の思惑どおりに進みませんでしたが、世界各地のハーブ農家の話を聞く中で、フェアトレード認証の仕組みや農家の実態が見えてきたのは収穫でした。

フェアトレード認証は、当然ながら審査機関が現地に行ってその実態調査を行う必要があるため、認証を受けるのに費用がかかります。その認証費用すら払えない小規模農家たちがたくさんいることも分かりました。同時に、オーガニック栽培のハーブにもこだわっていたのですが、同じくオーガニック認証にも彼らにとっては小さくない費用がかかることが分かりました。

こういった**認証コストも払えないような貧しい小規模農家たちと取引しよう**、彼らと直接契約栽培することで、認証による信用担保がなくても適正価格での取引を実現できる。そう考えるようになりました。

ただ、いずれにしても、自分たちが安定してハーブを買い取れる状態にならないことには、契約栽培を依頼する農家に逆に迷惑をかけるかもしれません。

まずは1年間、スリランカとイギリスからハーブを調達しながら、商品の拡販に専念する。そして、確実にある程度の買取量が見込めた段階で、貧しい小規模農家と直接取引しよう、と決めました。

※現在のボーダレスグループのビジネスのつくり方は、社会問題に直面している具体的な人・地域がまずあって、その課題の解決策として事業（商品・サービス）を構築していくというプロセスで進めていきます。

当時はまだボーダレス流が確立しておらず、順番が今とは逆でした。詳しくは第3章で説明します。

ハーブティの需要の少なさに愕然とするも、「授乳期の母親たち」の隠れた課題を知る

ハーブ農家やフェアトレードについて情報を集めながら、同時並行で進めていたのが、ハーブを使った商品開発です。

使用量の少なさからスパイスを却下したように、ハーブをたくさん買い取るためには、ハーブの使用量が多い商品は何かを考えました。アロマ、石鹸、ハーブバスなどいろいろ検討しましたが、最後はハーブをそのままお茶として飲む「ハーブティ」としての利用が一番量を必要とする、という結論になりました。

ところが、ハーブティについて調査していくうちに衝撃の事実が発覚しました。なんと、ほとんどの日本人がハーブティを飲まないのです（笑）。

普通だったら、「ハーブティのマーケットはない」「市場がないからアウト」となるでしょうが、こちらはそうはいきません。市場はなくても、農家から作物を高く、たくさん買い取れる可能性があるのがハーブティなのです。

あきらめきれず、学生時代の友人たちに会いに行って、30人くらいにヒアリングしたのですが、その中に一人だけハーブティを飲む習慣がある友人がいました。その友人は母親になっていました。

彼女に「誰もハーブティを飲んでないのに、なんで飲むようになったの？」と聞くと、「ハーブしか飲めるものがなかったんだよね」とのこと。彼女は妊娠中、カフェインを控えるために緑茶やコーヒーを飲むのをやめたそうです。そのとき、妊娠してひどくなったむくみや便秘にもハーブがいいと聞いて、ハーブについて勉強し、自分でブレンドして飲むようになったそうです。今でも、子どもが風邪気味の時にハーブティを飲ませているということでした。

妊娠・授乳期を含めて約2年間、カフェインを控えるためにそれまで習慣だった緑茶やコーヒーを飲まなくなると知って、これなら可能性があるかもしれないと思いました。さっそく家に帰って妻に聞いてみると、「妊娠中は飲み物にすごく困った」と言います。また、「母乳が出なくて困った」とも。

ハーブで何かできないかと思って文献を調べてみると、あったのです。ヨーロッパやアーユルヴェーダではハーブが伝統的に授乳期のサポートに使われていることが分かりました。そして、日本には母乳が出なくて困っている女性がたくさんいることも。

授乳期の母親のためのハーブティができれば、必ず喜ばれるに違いない。そう思い、商品開発に協力してもらう専門家を探し始めました。

そしてたどり着いたのが、本場イギリスでメディカルハーバリストとして活動するリエコ・大島・バークレーさんと、ハーブに造詣が深い助産師の浅井貴子さんです。浅井さんには母乳の出に関する医学的メカニズムの設計を、リエコさんにはその設計に基づいたハーブレシピの作成を依頼しました。

もちろん、**すんなり引き受けてもらえたわけではありません。二人に依頼のメールを送ったところ、最初はすごく怪しまれました。**この業界では著名な二人。お互いに交流があったそうで、連絡をとりあって怪しいねと話していたそうです（笑）。当時のボーダレス・ジャパンのホームページにはシェアハウス事業しか掲載されていなかったので、「不動産屋がなぜハーブを？」と思ったのも無理はありません。

それでも、実際にお会いして説明したところ、「これはお母さんたちに必要な商品だ。ぜひつくりましょう！」と引き受けてもらうことができました。

その後、20種類ほど試作を繰り返し、新宿に毎回20人くらいのお母さんに集まってもらってモニターテストを繰り返しました。リエコさんも、日本の水でテストしなきゃ、とイギリスから日本に来てくれました。僕も英語のハーブ文献を読み漁り、何百回と試飲し、かなりのハーブオタクになっていました。

こうやって数カ月かけて共同開発したハーブティを、数十人の授乳中のお母さんたちに１カ月間試飲テストをしてもらったところ、驚きの結果が出ました。

すごい商品ができたな、と鳥肌が立ちました。これが、２０１０年8月に販売を開始した妊娠・授乳期専用ハーブティ「AMOMA natural care（アモーマナチュラルケア）」（以下、ＡＭＯＭＡ）です。

サンプルを持って、産婦人科病院に飛び込み営業

すばらしい商品だという自負はありましたが、すぐに売れたわけではありませんでした。

それまで世の中になかった新しい商品を売っていくには、まずは商品の良さを知ってもらわなければなりません。かといって、大々的に広告宣伝をするお金なんて当然ありません。

そこで僕は、サンプルを持って産婦人科病院を飛び込みで1軒ずつ回ることにしました。

「母乳にいいハーブティです」と言って突然訪ねてくる男性、すこぶる怪しまれました（笑）。

それでも、院長先生にメカニズムを説明し、助産師さん向けにも説明会を開いて、「退院するお母さんにAMOMAをぜひ渡してあげてください」と頼むと、配ってくれるところが出てきたのです。有名な産婦人科病院が採用してくれたのをきっかけに、「あそこもやっているのなら」と採用してくれる病院が増えていきました。

一度試せば良さを実感できる商品です。そこから口コミでどんどん広がっていき、翌年には楽天市場のマタニティ食品部門で1位を獲得。あれから10年たった今でも、楽天市場の「ハーブティーランキング」で常に上位を占める商品になっています。

ミャンマー僻地の村でハーブ栽培をスタート。ところが、参加した農家はごくわずか……

安定してハーブティが売れるようになったため、いよいよ貧しい農家との直接取引に向けて動き始めました。ではその対象国をどこにするか。

いまだ貧しい農業国、そしていい換金作物を見つけられずに困っている貧しい農家がたくさんいる国。これらの条件を満たす国としてミャンマーが候補に挙がりました。

日本を離れられなかった僕に代わって、当時ＡＭＯＭＡ事業を一緒に立ち上げていたヨッシー（吉田照喜）と、東京農業大学出身の新卒1年目のラディッシュ（内山沙綾香。ボーダレスグループにはあだ名文化があり、東京農大をこよなく愛する彼女は同校の名物「大根踊り」からラディッシュとなりました）が現地へ。そして、ミャンマーの中でも特に貧しい僻地を探しまわったところ、シャン州南部の丘陵地にあるリンレイ村にたどり着きました。

この村が貧困にあえぐ原因は、先祖代々にわたり栽培されている葉巻たばこの葉（タナペ）でした。２６０世帯あるうちのほぼすべてがタナペ農家でした。

タナペは、虫食い穴があくと商品価値が落ちてしまいます。虫食いを防ぐために、村人たちは大量の農薬を使用していました。農薬を使うと土が弱ってしまう。そこで今度は化学肥料を使用するため、農薬や肥料といった栽培コストがかさみます。

タナペの栽培は健康被害も深刻です。タナペは乾燥してから出荷するため、家族が寝ている間も住居の階下や隣で夜通しいぶすので、呼吸器疾患になってしまうのです。

また、タナペを乾燥させるために薪（まき）を燃やします。薪にするために木を切り続けた結果、周辺ははげ山ばかりです。近くの山から木を採れなくなったので、薪を買うためのお金もかかります。山は保水力を失い、井戸を掘ってもなかなか水が出ません。乾燥して弱った土地でも育つのは、タナペくらいしかないという悪循環でした。

栽培コストが上昇してもタナペの買取価格が上がるわけはなく、村は困窮していました。村長をはじめ全員が「この状況から脱したい」と言いますが、先祖代々やってきたタナペのほかに換金作物を知りません。

そこで、農薬を使わずにハーブを栽培する方法に切り替えてはどうかと提案したところ、「ぜひ村をあげて取り組みたい」ということでリンレイ村でのハーブ栽培が始まりました。

2014年8月、ラディッシュが単身リンレイ村に移り住み、現地で有機農業の専門家チコちゃん（本名、チココラ。現・ボーダレスリンク社員）を採用し、村の中に土地を借りて1年間のテスト栽培を始めました。いろいろなハーブを栽培して、どの品種がどれくらい育つかを確認しながら、買取価格を算出するためです。村の人にも収穫を手伝ってもらったりして、彼女は村人との信頼関係を築いていきました。

テスト栽培が終わったところで、「ボーダレスファーマーとしてハーブを栽培しませんか?」と契約農家を募集しました。「全量買取を保証します。買取価格も定額で、タナペのように年によって乱高下はありません。頑張ったら頑張った分だけ報われます」と。

しかし、手を挙げた農家は、8軒だけでした。

リンレイ村は260世帯ほどが暮らすミャンマーの小さな村で、ほとんどの農家がタナペを栽培していた

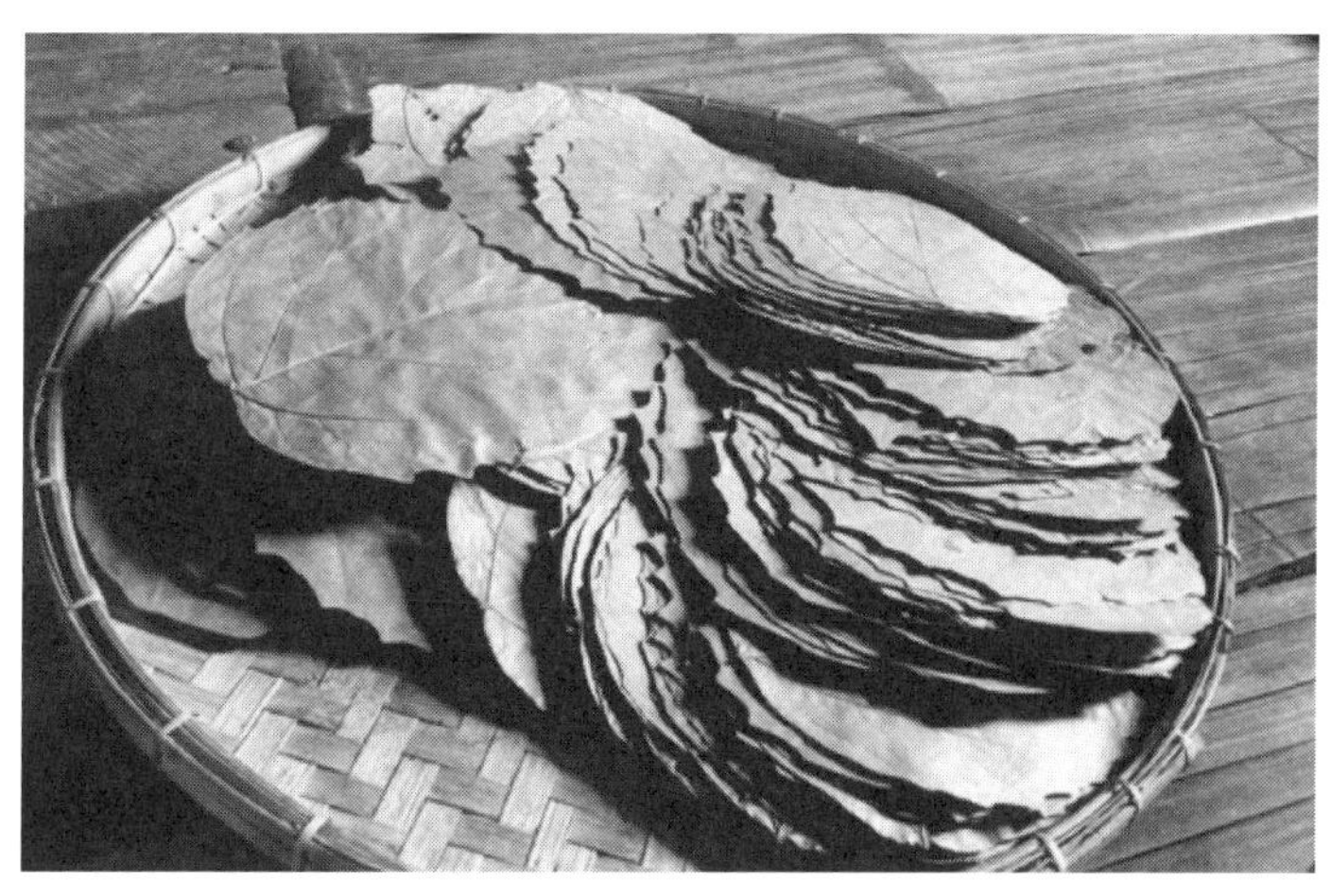

タナペは穴があくと商品価値が落ちてしまうので、虫がつかないように大量の農薬を使わざるを得ない。栽培コストがかさむうえに、健康被害もたくさん起きていた

あとはみんな様子見という感じです。タナペ栽培の収入は不安定とはいえ、今まで栽培したことのある唯一の作物です。貧困からは抜け出したいけれどもタナペからの収入をすべて断ってしまって大丈夫なのか、と懐疑的だったのも無理はありません。日本から突然やって来た人たちから「タナペを抜いて、代わりにハーブを植えませんか」と言われて、「はい、分かりました」とはなかなかなりません。

そんな中、契約農家を希望してくれたのは、村でも特に貧しい農家たちでした。彼らは本当に生活が立ち行かなくて、藁をもすがる思いで契約農家になったのです。

村のすべての農家が一様に貧しいわけではなかった

契約農家が決まっても、それで僕たちの仕事が終わったわけではありません。

タナペの根を引き抜くのも大仕事です。村人に日当を払い、鍬で1本ずつ抜いていきました。ハーブ栽培に必要な水をひいてくる必要もあります。

彼らの生活に入り込んでみて分かったのが、みんな借金漬けだったことです。しかも、毎月10%というとんでもない利子がついていました。

流通が整備されていない僻地の村では、種とそれを育てるための肥料や農薬を売るのも、収穫した作物を買っていくのも同じ仲買人です。おのずと、取引は仲買人の言い値となります。農家が生きるも死ぬも、仲買人にすべて握られているようなもの。当然、借金も仲買人からしていました。

契約農家の借金問題を解決しなければ、ハーブ栽培で農家の収入がいくら増えても、農家は豊かになりません。なにしろ利子がすごいですから。

そこで、**仲買人と話をして、契約農家の借金をすべて立て替え払いする代わりに、この村から手を引いてもらいました。**そして、農家とはハーブの収穫後に少しずつ借金を返済していく計画を一緒に立てました。

また、なぜ借金漬けになったのかを探っていくと、彼らの実態が見えてきました。

借金漬けになっていたのは、リンレイ村の中でも特に土地が狭い小規模農家でした。土地が狭いために収穫量が少なく、蓄えもありません。需要と供給のバランスで決まる市場価格が下振れすると、収入が減って一気に赤字に転落し、借金せざるを得なくなります。農業で生計を立てるのは難しいため、誰かが出稼ぎに行かねばならず、家族が離れ離れになることもありました。

小規模農家が貧困にあえぐ一方で、リンレイ村には広い土地を持つ農家もいて、彼らはそれなりの生活をしていました。土地が広いため収穫量も多く、蓄えに余裕があるため、買取価格が一時下落しても持ちこたえられるからです。

村全体では貧しくても、全員が一様に貧しいわけではありません。借金漬けで貧しい農家もあれば、そうではない農家もある。村人と生活を共にするうちに、そんなことが見えてきました。

市場価格ではなく、農家希望価格で買い取る

貧困にあえぐ小規模農家を救うために僕たちがとった解決策は、安定した適正価格でハーブを買取保証することです。つまり、**農家の生活と栽培に必要なコストをもとに、狭い土地の少ない収穫量でも家族みんなが食べていくことができる価格で買い取る**のです。

これをマーケットプライス（市場価格）に対して、ファーマーズプライス（農家希望価格）と呼んでいます。貧しい小規模農家を助けたいなら、ファーマーズプライスでの全量買い取りが欠かせないと考えたのです。

これは口で言うのは簡単ですが、小規模農家に必要なファーマーズプライスは市場価格より何倍も高くなるため、その価格でも利益が出るような高単価・高付加価値の商品を開発することが必要不可欠になります。フェアトレード品目を何にするか決める際に、高付加価値をつけられるものにこだわったのもこのためです。

本当に「助けたい人」のためになっているか

ソーシャルビジネスでは、「誰を助けたいのか」「誰のために事業をやるのか」をとことん突き詰めることが非常に重要です。ある地域の「一番貧しい人」を助けたいのだとしたら、それは具体的にどの人たちで、なぜ貧しい状態が続いているのか、彼らが直面する課題とその根本的な原因をしっかり把握する必要があります。彼らの本当の姿を理解しなければ、真の問題解決にならないからです。

逆に、助けたい相手の実態をしっかりつかめていないと、「**表面的にはいいことをやっているように見えても、実は問題の解決につながっていない**」というようなことが起きてしまいます。

リンレイ村での経験は、そんなことに気づくきっかけになりました。そのときの経験が、ボーダレスグループの事業立ち上げメソッドの根幹である「ソーシャルコンセプト」(第3章で詳述)の考え方につながっていきます。

リンレイ村は農薬を使わないハーブ栽培で、健康被害もなくなりました。化学肥料の使用もやめ、みんな有機肥料を工夫しながら作っています。環境にも人にも優しい、持続可能な農業が行われています。

年に一度現地に行って、村の人と一緒に村総出の収穫祭を行いますが、毎年契約農家たちの生活が良くなっていくのが分かって、日本にいる僕たちも「もっと頑張ろう」と思います。この前、ある農家さんから「**ボーダレスは2番目の神様です**」と言われました。彼らは仏教徒なので、仏様が1番で、僕たちが2番目なんだそうです。

バングラデシュで「牛革」にいきつくまで

AMOMAが立ち上がった頃、知り合いから「日本在住のバングラデシュ人が勤務先から

年に一度、村の人と一緒に行う「収穫祭」の様子。契約農家たちの生活が年々良くなっていくのが実感できる大切な機会

契約農家のSaiさん。「ボーダレスは２番目の神様だ」と語ってくれた

給料を払ってもらえない状態で困っているので、田口くんのところで雇ってあげてくれない？」と連絡がありました。彼の名はカマルさん。会ってみると、とても誠実な彼は「日本とバングラデシュの架け橋になるようなことをしたい」と語っていました。

結局、カマルさんは自分で起業することにしたというので、最初のお客さんになって少しでも役に立てればと思い、「バングラデシュの貧困地域を回りたいから、現地アテンドをお願いしたい」と依頼しました。

するとすぐに企画してくれて、バングラデシュに行くことになりました。そのとき、現地でアテンドしてくれたのが、彼の弟、ファルクさんでした。

ツアーの目的は、バングラデシュのために何ができるかを探ることです。バンに揺られながら僻地を回り、1週間ほど寝食を共にしたあと、ファルクさんがこんなことを言いました。

「これまで私がアテンドした日本人はみんな不動産投資が目的でしたが、みなさんは何が儲かるかという話はまったくしなかった。このバングラデシュのために何ができるかということだけを真剣に考え続けてくれて、すごく感動しました。この国のために、ぜひ一緒に何かやらせてほしい」

バングラデシュを本気で良くしたいと彼が考えているのは、1週間一緒に過ごす中でよく分かっていたので、「じゃ、来週から東京においで！」とボーダレスグループに誘いました。

２０１１年10月のことです。

バングラデシュの農村部では、妻が外で働くことを好まない男性が多く、稼ぎもなく家庭内で蔑(さげす)まれている女性がたくさんいました。ファルクさんは、女性の地位向上と貧困家庭の経済力向上をテーマに事業プランを考え始めました。

女性が家の中や、家のそばでもできる仕事をつくろうと、養蜂やココナッツオイルなどいくつものアイデアを考えてはみたものの、そのたびにいろいろなハードルが出てきて事業化は難航しました。

ちょうどＡＭＯＭＡ事業が軌道に乗った頃だったので、僕も合流してアイデアを考えるため、再びバングラデシュに飛びました。

そのとき、いろいろと探し回って出会ったのが、牛の皮です。

バングラデシュでは、牛やヤギを神様に捧げる「イード（犠牲祭）」と呼ばれるイスラム教の祝祭が毎年行われます。当然、肉は食されるのですが、そのときに大量の牛皮が発生します。この牛皮はどうなるかというと、イタリアなどに輸出されて、そこでなめされてはイタリア高級革靴などに使われたりしていました。

これはすごくもったいないと思いました。

バングラデシュはただでさえ土地が狭く、これといった資源がありません。そのため、宗教的理由で大量に出る牛の皮は、貴重な国の産業資源になり得ます。**牛皮をそのまま輸出するのではなく、最終製品までつくって輸出したほうが、この国の経済のためになるのではないだろうか。**そう考えて、バングラデシュで牛革事業の可能性を模索し始めたのです。

早速、現地の革工場をいくつか視察しました。

すると、どの工場も労働環境がとても劣悪でした。ベルト工場では明らかに子どもと分かる少年たちによる児童労働、なめし工場ではグローブもはめず素手で作業したり、みんな死んだような目で働いていました。何より、そこで働く人たちは少しも楽しそうではありませんでした。

最初は商社として現地の革工場にたくさん発注して、雇用をつくろうと考えていましたが、この実態を知り、**既存の工場に発注してお金だけ流れても、そこで働く人たちは幸せになれないと思いました。それではやる意味がありません。現地に自社工場をつくって、貧しい人たちを直接雇用することに決めました。**

革職人に弟子入りし、革製品のつくり方を一から学ぶ

自社工場をつくるといっても、当時の僕たちは革製品を作ったこともなければ、工場を運営したこともありません。

余談ですが、ボーダレスグループの事業内容を見て、「よく次から次へと畑違いなことを始めるね。もう少し事業シナジーを考えて展開したほうがいいんじゃない」とアドバイスをもらうことがあります。起業してから、不動産、ハーブとやってきて、次に革となれば、散漫経営と思われても仕方ありませんが、僕は**事業シナジーについてまったく考えないようにしています。**

売上や利益を効率よく伸ばすことが目的であれば、事業シナジーは重要でしょう。しかし、ソーシャルビジネスは社会問題ありきの事業です。**事業シナジーの発想に囚われず、また自分たちの経験にも縛られず、社会問題ごとの最適なソリューションをゼロから素直に考えていくことを大切にしたい**と思っています。

話を戻すと、革のことを知る人間が社内に誰もいなかったので、自分で革製品の試作に取り組むことにしました。革製品づくりの本を買ってきて、道具を一通り揃えてやってみましたが、仕上がったものはとても商品になるレベルのものではありませんでした。

「これはダメだ。素人が簡単にできる領域ではないな」

実際に作ってみて率直にそう思いました。

プロの助けが必要だと分かり、インターネットで数少ない国内の革製品製造メーカーを探したところ、東京にある会社を見つけました。有名ブランドの生産をOEMで請け負っている会社で、絶対この会社に教えてもらおうと心に決め、その会社に電話をしました。

「バングラデシュでこういうことをやりたいから、革製品のつくり方を教えてほしい」と伝えると、電話口の人にあっさり断られました。

しかし、こっちはバングラデシュの貧しい人たちの人生がかかっています。ここで引き下がるわけにはいきません。もう一度電話し、「とにかく誰かに替わってほしい」と粘ると、荻原明さんという革職人が電話口に出てくれました。

「15分だけ話を聞いてほしい」とお願いし、翌日福岡から東京に飛びました。荻原さんを訪ね、自作したiPhoneカバーと設計図を見せながら、バングラデシュでの事業のことを説明し、「自分ではこんなヘンテコなものしか作れませんでした。革製品のつくり方を教えてくれませんか」と頼み込みました。

荻原さんは弟子入りを快く承諾してくれました。「ただし、筋が良くないとダメだよ」と釘を刺されたので、手先の器用なすーさんと、来日していたファルクさんの二人がこの工房の親方の元で修行することになりました。

約2カ月の修業ののち、ファルクさんはバングラデシュに戻り、2013年10月、彼の高校時代の友人ウディンさんを誘い、たった二人で小さな革製品工場を立ち上げます。

工場の立ち上げ前には、荻原さんが取引のある中国の工場見学に同行させてくれたり、稼働してからはバングラデシュに飛んで技術指導してくれたりと、全面的に協力してくれました。

この6年後、日本国内で精神・発達障がいの人が働く革工場「UNROOF（アンルーフ）」を東京・東村山市につくるのですが、荻原さんは勤めていた会社を退職し、工場の立ち上げに参加してくれました。荻原さんなくしては僕たちの革事業は始まりませんでした。まさに恩人です。

「BUSINESS LEATHER FACTORY」のビジネスプランを3日で書き上げる

工場をつくって人を雇うからには、注文のあてがなければバングラデシュの人たちに失礼です。運のいいことに、あるヨーロッパの大手文具メーカーからOEMの注文をもらえることになっていたので、最初から革製品をどんどん作っていく計画でした。

工場のことは、現地のファルクさんと、日本から技術サポートするすーさんに任せ、僕はOEMのほかに自社ブランドの立ち上げを模索し始めました。OEM受注だけでは、いずれ価格競争に巻き込まれます。そうなると働く人たちに高い賃金を払うことを目的とする僕たちの工場は太刀打ちできないからです。

自社工場で雇うのは、障がいのある人、シングルマザー、親のいない貧しい若者たち。現地では評判のこの工場には、今では求職者が毎朝列を成しますが、**僕たちの採用基準は明確です。他の工場では雇ってもらえない人たち、本当に生活が苦しい人たちを採用することにしています。**

そのため、当然ですが革製品づくりは全員未経験、学校にも通えておらず読み書きができない人や、仕事経験がまったくない人も多く、一からトレーニングするため、教育コストはとても高くなります。ＯＥＭの熾烈な価格競争から距離を置くには、自社ブランドがどうしても必要だと考えていました。

自社工場だからこそできる革製品の売り方はないだろうか。そこで閃いたのが、自分好みにカスタマイズできる革製品のオーダーメイドサービス「ＪＯＧＧＯ（ジョッゴ）」です。一品一品手づくりするオーダーメイドは、みんな興味はあるけど高くて手が出ない。また、効率が悪いから、中国などの大量生産型工場は請け負わない。オーダーメイドを今までよりリーズナブルに提供できたら、隠れたニーズを掘り起こせるのではと準備を始めていました。

ところが、工場開設から1カ月後のことです。「うまくいってるかい？」とファルクさんに電話すると、「毎日フェイクレザーでミシンがけの練習をしています……」と元気のない声。しかも、「練習ばかりなのに給料だけはもらえている。注文がないのに……、この会社は本当に大丈夫なのか……」と工場で働く人たちが不安がっているというのです。

てっきりＯＥＭの注文でフル稼働していると思っていたので、驚いて理由を尋ねると、発注がまったくきていないと言います。見込んでいた大手文具メーカーのＯＥＭの仕事が、本社の承認待ちで時間がかかっているというのです。

せっかく期待して集まってきた工場の人たちを不安にさせてしまっている。今すぐにでも、別の仕事を作り出して発注しなければなりません。準備していたオーダーメイドの事業はシステム開発にしばらく時間がかかるため、間に合わない。「もう1本すぐ事業をつくるから、1週間だけ待って」とファルクさんに返事して、すぐに発注できる自社ブランドを考え始めました。

そうして3日で書き上げたのが、ビジネスシーンに特化した革製品ブランド「ビジネスレザーファクトリー（BUSINESS LEATHER FACTORY）」です。

正直なところ、バッグや財布の革製品は飽和状態で、新参者が勝負できる市場はオーダーメイド以外にはなかなか難しいと思っていました。ただ、そうも言っていられず、あらためて知恵を振り絞ると、ビジネスシーンが聖域として残されていることに気づいたのです。

たとえば、プライベートで有名ブランドの鞄を持つのはいいけれど、ビジネスシーンで使うのはちょっといやらしいかな、などプライベートでは好きなブランドでもビジネスシーンに持ち込むのはためらわれます。その意味で、知名度のないノンブランドもこのビジネスシーンになら可能性があるかもしれないと思いました。

ソーシャルビジネスは、失敗できない闘い

では、どんなブランドならビジネスシーンに相応しいかを調べていくと、「高品質だけどリーズナブルなもの」、そして、特定のイメージがついていないノンブランドのほうがむしろいい、という人たちが多くいることが分かってきました。

僕自身、起業してからずっとお金がなかったので、本革のバッグが欲しくても買えませんでした。本革で高品質の素敵なバッグが１万円～１万５０００円くらいで売られていたら、僕なら絶対に買います。

僕のような人は他にもいるはずだと思ってヒアリングしてみると、そんな人がたくさんいました。

ただし、**僕たちがつくるのはリーズナブルな商品であって、最安値の商品ではありません。**

たとえば、ビジネスレザーファクトリーの牛革の名刺入れは４０００円くらいですが、それより安い名刺入れはいくらでもあります。

それでもリーズナブルだと思ってもらうためにはどうしたらいいのか。まずは、素人目に

洗練された内装と丁寧な接客が特長のビジネスレザーファクトリーの店舗。全国20店舗ある直営店では、名入れ刻印も可能

も、圧倒的に品質がいいことが欠かせません。最高ランクの牛革だけを使い、日本の職人直伝の高い技術で一つひとつ手づくりするからこそ生まれる「えっ、この品質でこの価格？」というギャップが、ビジネスレザーファクトリーの特長です。

全国にあるお店はとても洗練された雰囲気で、想像する価格と実際の値札のギャップにお客さまはみな驚きます。

今では、13種類のカラーバリエーションの中から自分好みの色をセレクトできるようになっています。こうした超多品種少量生産に対応しながら、リーズナブルな価格帯を維持できているのは、まさに自社工場を持っているか

13色展開のビジネスバッグ15,999円。最高ランクの牛革を使用している

らこそ。

２０１３年12月にスタートしたこの事業は、現在では全国に直営店が20店舗あり、ボーダレスグループで一番大きな事業規模になっています。

バングラデシュの革工場では現在９００人以上が働いていて、２０１８年には、この工場はバングラデシュの革製品（革靴をのぞく）で国内2位の輸出企業になり、バングラデシュ経済に大きく貢献したと表彰されました。

ソーシャルビジネスは、失敗できない闘いです。**バングラデシュで雇用をつくるにしても、ミャンマーの農家と契約するにしても、彼らの人生を背負**

バングラデシュの革工場では900人以上が働いている。いずれも、他の工場では雇ってもらえずにいた人たち

確実に勝てる戦略を練らないと、彼らに失礼だという気持ちが僕にはあります。**中途半端な事業プランを考えて、「ごめんなさい、失敗しました」ではすまされない。**

だから、どうすれば商品が売れるのか、どうすれば確実に成功するのか、徹底的に考え抜きます。ビジネスレザーファクトリーの事業プランを考案するのにかかった時間はわずか3日でしたが、絶対に失敗できないのでむちゃくちゃ必死に考えました。

3. 社会起業家のプラットフォームへ

「1年に1事業」のペースでは遅すぎる！社会起業家をサポートする体制にシフト

創業期は本当に苦労したので、「自分はビジネスに向いていない」「NGOに行ってファンディング担当者として直接寄付金を集める仕事をしたほうが世の中のためになるのではないか」と自分の商才の無さを不甲斐なく思っていました。それでも、ボーダレスハウス、AMOMA、ビジネスレザーファクトリーと3つの事業を連続で成功させられたことで、少しずつビジネスに自信が持てるようになってきました。

その一方で、「1年に1事業」というスピードの遅さに、焦りを感じ始めます。

当時は、僕が立ち上げを専門に担当し、軌道に乗ったら別のメンバーにパスしていました。

軌道に乗せるまでには最短でも1年はかかるので、僕が第一線で陣頭指揮をとれるのが仮にあと30年とすると、30事業しかつくれません。これでは人生が終わった時に、世の中が良くなったとは到底言えない。やり方を抜本的に変えないとこのままではダメだ、と危機感が湧いてきたのです。

そこで生まれたのが「社会起業家のプラットフォーム」という構想です。

それまでいろんな経験をして、売上10億円規模のビジネスならそう難しくなくつくれるかもしれないと思い始めていました。そして、このサイズ感ならスーパーマンじゃなくても、多くの人がリーダーになれそうです。

周りを見渡せば、社会的事業をやりたい人たちはたくさんいます。彼らが最初から社長として事業を起こし、僕はこれまでの経験をもとに彼らをサポートする側にまわる。そうやって1年に10事業、20事業と立ち上げてスピードアップしていこう、と考えました。

そのための第一歩が、２０１４年3月に実施した分社化でした。

それ以前は、カンパニー制を採用していました。ボーダレスハウスなど各事業のカンパニー長は、このときすでに「社長」の肩書や名刺を持っていて、僕も彼らには常々「自分が会社のトップという意識でやってほしい」と伝えていました。

しかし、彼らはやはり代表取締役ではありませんでした。僕が代表取締役社長を務めるボーダレス・ジャパンの１事業の責任者であり、どこかで「最後は田口が何とかしてくれる」という意識もあったと思います。

これから先、積極的に事業を増やしていくには、僕たちは自立した社会起業家集団でなければなりません。そのためには、セカンドポジションではなく、**名実ともに会社のトップとして事業を行える環境をつくり、社長として実力をつけていく必要がある。そう考えて分社化に踏み切りました。**

ところがその矢先、ある事件が起きます。

コルヴァ危機（別名３億円事件）発生

僕が起業家たちのサポート役に徹するようになって、はじめて僕自身が立ち上げの陣頭指揮をとらなかった事業が、親子・兄妹おそろい子供服ブランド「コルヴァ（Corva)」です。

この事業を立ち上げたのは、バングラデシュでファルクさんと一緒に活動していた新卒第１号社員の中村将人です。彼はバングラデシュの貧困地域を見て回る中で、児童労働問題を解決したいと強く思うようになりました。貧しい家庭の子どもが学校に通える状況をつくるには、やはりそのお母さんたちの雇用をつくる必要がある。彼はそのように考えて、バングラデシュですでに稼働していた革工場とは別のソリューションとして、服を作る縫製工場を立ち上げたのです。

そうして始まったコルヴァ事業ですが、蓋を開けてみれば、まったくうまくいきませんでした。

店舗は東京・代官山の他に、ショッピングモールにも数店舗構えることができました。新参者のアパレルブランドがこういうモールにすいすい出店できること自体、変だなとは思っていたのですが、あとでよくよく聞いてみると、子供服ブランドで新規出店する会社はここ数年ほとんど出ていなかったらしいのです。なぜなら、なかなか儲からないからです。

まず、子供服はサイズ展開が幅広く、80センチから150センチくらいまであります。そして、男の子、女の子。また、子どもの成長に合わせて毎年買い替えるものなので、価格にもシビアです。在庫リスクが大きいうえに、価格競争の激しい世界であることに、参入してからはじめて気づきました。

競合他社は、全国に100店舗、200店舗と大量出店しています。夏が始まる前にサマーキャンペーンを仕掛けたり、半額キャンペーンなども頻繁にやるわけです。数店舗しかないコルヴァとはコスト構造が全然違います。僕たちは最低でも原価が４割、それにモールのテナント料や諸々の手数料を加えるとコストは６割をゆうに超えます。その状態で半額キャンペーンをやれば人件費すら捻出できません。

だったら自分たちも大量出店だ、と出店を加速させました。しかし、しょせんはアパレルの素人です。商品点数が多すぎて在庫管理ができず、毎月２０００万円〜３０００万円の赤字を出すようになりました。

そんな状況でも、ボーダレスグループのみんなは優しかった。奮闘する中村を、他の社長たちがみんなで支えました。新規事業開発や各事業の追加投資をすべてストップし（たとえばビジネスレザーファクトリーは出店を一時停止しました）、**「コルヴァのために！」**を合言葉に、**各事業の利益をすべてコルヴァにつぎ込んだ**のです。

しかし、結局、全社あげての支援もむなしく、中村は事業を畳む決断をしました。在庫は１億円以上に膨れ上がっていました。

コルヴァが失敗したからといって、バングラデシュの工場を止めるわけにはいきません。お母さんたちの雇用を維持するために、彼はすぐに再出発を決めました。コルヴァの失敗を通して分かったこと＝「在庫点数が少ない」「価格競争に巻き込まれない」『バングラデシュの工場だけでつくれる製品」をもとに、出産祝い専用のオーガニックベビー服「ハルウララ（Haruulala）」が誕生しました。このブランドは1年ほどで黒字化を達成しました。

コルヴァが積み上げた累損はおよそ3億円。ダメなものはダメと、もっと早く止めてあげればよかったのです。みんなの応援が、かえって重荷になっていたかもしれません。中村には申し訳ないことをしたと反省しました。

みんなで応援すればいい、という話でもないんだな。これが3億円事件の大きな学びです。

マイルストーン経営を始めるも機能せず

その学びから生まれたのが、「マイルストーン経営」という新たな仕組みでした。

経営に一定のマイルストーンを設け、ルールに基づいて事業継続の可否を判断することで、見込みのない事業が仲間の助け合いでズルズルと延命するのを防ごうというものです。

そのマイルストーンとは、

①事業プランが完成してから3カ月以内に事業をスタートさせる。
②事業がスタートしてから半年以内に勝ち筋を見つける。
③事業がスタートしてから12カ月以内に2カ月連続単月黒字を達成する。
④単月黒字を達成してから1年以内に営業利益15%を達成する。

これらの基準をクリアできない時は、社長会でリバイバルプランを発表し、全員一致で了承を得られれば事業継続が許される（一人でも了承しなかったら事業停止）という仕組みでした。

ところが、マイルストーン経営を数年間続けてみたのですが、やっぱりボーダレスグループのみんなは優しかった！「もっとこうしたらいいいんじゃない？」とアドバイス合戦になって、どうしても事業継続へと向かっていきます。マイルストーン経営は機能しませんでした。

普通の企業なら、「利益が出ないならやめろ」で終わりです。それに対して、社会問題に挑戦している僕たちは、仲間の挑戦を応援したいし、できることなら事業を続けてほしい。全員が同じ気持ちを共有しています。その結果、可能性がない事業をみんなで応援して、止めることができない。結局、3億円事件と同じ力学が働いていたのです。

そうはいっても、みんなで助け合う姿勢はボーダレスグループの良さなので、失くしたくありません。助け合う文化は維持したうえで、可能性がない事業を物理的に止めるにはどうすればいいのか。

そうしてたどり着いたのが、資金が尽きたら一旦終わらせるという現在のキャッシュフロー経営です（第1章参照）。マイルストーン経営からキャッシュフロー経営への移行はこうして行われました。

売上の成長スピードを犠牲にしてでも、一人ひとりの社長に全面的にまかせる

自立した起業家集団を目指す上で、分社化によって各事業を独立会社にしたのは効果的なアプローチだったと思います。「ポジションが人をつくる」という言葉どおり、社長たちがトップとしての自覚を持ち始めたことは傍から見ても明らかでした。

ただし、結果が伴うといった表面的に見える成長ではなく、むしろ逆です。**彼らがちゃんと社長になった証拠に、苦しみ始めた**のです。

以前は、最終的なビジョンを描くのは僕であって、カンパニー長は僕の傘下でのびのびと力を発揮し、自由に挑戦することができました。しかし、今は彼ら自身が最終の意思決定者で、マネジメントの課題もすべて自分で背負わなければなりません。メンバーへの説明責任も彼ら自身にあります。その重圧は経験した者でなければ分かりません。

社長がやると言ったことが失敗する。それが何度も続くと、自信を失います。「社長って大したことないな」とメンバーに思われれば、求心力も低下します。

そういう怖さがあるから、新しい手が打てなくなる。大胆な策がとれなくなる。カンパニー長の立場では自由闊達に動いて結果を出していた人が、名実ともに社長になった途端、萎縮して、停滞してしまうこともあります。

正直なところ、**僕自身がトップとして各事業を引っ張っていたほうが、短期的には売上はもっと伸びていた**と思います。

しかし、長期的視点で見れば、短期的な業績を犠牲にしてでも、社長たちが壁にぶつかり、それを乗り越えることで成長していくことが何より大切です。本当の意味で社長になるには、5年、10年は最低でもかかります。最終意思決定者としての自分に向き合い、己との葛藤を乗り越えなければ、本物のリーダーは生まれてきません。5年、10年、自己成長に苦しんだ人ほど、その後の飛躍も大きいはずです。

リーダーの仕事は、みんながワクワクする絵を描くこと

僕が考える社長の一番の仕事は、絵を描くことです。

たとえば、創業期に掲げていた「1兆円企業になる」という目標。「売上が1兆円くらいになってはじめてソーシャルビジネスが注目されるんだ」と僕はみんなに話していました。当時の僕たちは売上数億円。そんな企業が1兆円を目指すといっても、普通は「絵空事」と言われるだけでしょう。

そこでみんなに言っていたのは、「みんなも10億円くらいの事業はつくれそうでしょ？それに、ソーシャルビジネスをやりたい人は、どれだけ少なく見積もっても1000人くらいはいるよね。10億円×1000人で1兆円！　簡単じゃないか」。そんな話をすると、「たしかに、たどり着けなくもないかもな」とみんなワクワクしてきます。


リーダーに大事なことは、大きな絵と一緒に、そこへたどり着く道筋も説明できるかどう

かです。人って、未来にワクワクしないとその組織には居続けませんよね。「この会社にいたらいまだ見ぬ素敵な場所に連れて行ってくれそうだ」。そんなワクワクする夢物語をみんなに提示することが、リーダーの一番の仕事ではないでしょうか。

そう考えると、やはりセカンドポジションには限界があります。プレイヤーとしてのびのびと活躍できるかもしれませんが、いつまでたっても絵は描けません。絵は、何度も何度も描き続けた人しか描けるようにはならないのです。

鬼コーチだった僕が、教えることをやめた理由

分社体制になって、僕の役割も変化しました。事業立ち上げの陣頭指揮から退き、「これから3年間は起業家を育てることに集中する」と社内で宣言し、起業家育成に専念していきました。

当時の僕を知るメンバーからは、あの頃の僕は厳しかったとよく言われます。とにかくアグレッシブでスピードが速い。打つ手、打つ手を確実に成功させるために、一つひとつのアイデアを徹底的に突き詰めて考える。そうでなければ、とっくに潰れていたでしょう。

僕が起業家たちに求めるスピードとクオリティのレベルもすごく高かったと思います。彼らとガチンコで向き合って、なんとか分かってほしい一心で熱が入りすぎて、相手を泣かせたこともあります。傍から見たら厳しい口調だったかもしれません。そうやって僕なりの事業のつくり方やリーダーとしての姿勢、人の上に立つ人間の心構えを伝え続けてきました。そして、みんなも必死についてきてくれました。

当時、新卒で入社した起業家たちが、分社化から3年経つ頃には事業を次々と立ち上げ始めました。**このときに僕が魂を込めて向き合った新卒起業家たちは今、グループ会社の社長になってグループを引っ張ってくれています。**

3年間、起業家たちを本気で指導したあとは、僕は教えることもやめました。僕が経営に関するアドバイスを続ける限り、僕と起業家たちの関係が「先生と生徒」のようになって、彼らの自立の妨げになると気づいたことは第1章でも述べた通りです。

起業家たちがお互いに相談しながら経営課題を解決していく目的で立ち上げた「MM会議」が、今はみんなの学びの場になっています。

今、僕のスピード感やクオリティレベルを直接知らない新しい仲間がどんどん増えていきます。僕が先生役を降りてから、全体のスピードが落ちたことは否めません。でも、それでいいんじゃないかと思っています。

僕自身のことを振り返ってみても、失敗を重ねながらギリギリ生き延びる中で、判断やアイデアの精度を少しずつ高めてきました。僕がいつまでも教える立場に立つのではなく、起業家たちが自分で経営課題に向き合い、葛藤する中でこそ本当の力は身につくものだ。そう思うようになりました。

ですから、昔からいる仲間はみんな少し寂しそうに言います。「ボスは優しくなった」と。

グループ外からも社会起業家を募るように

２０１７年3月、グループ会社体制に移行し、同時に恩送りのシステムもスタートしました。

グループ会社体制にした一番の狙いは、世の中から広く社会起業家を募ることでした。

それまでは、起業を目指す人たちをボーダレス・ジャパンが採用し、起業家へと育成していました。グループ会社体制に移行したことで、**すでに事業を展開する起業家もボーダレスグループに参加できるように**なりました。

その年、グループに加入した会社第1号が、ケニアの農業サプライチェーンを改革し貧困農家を支える「アルファジリ（Alphajiri）」です。

代表のヤクちゃん（薬師川智子）は、ケニアで青年海外協力隊として活動したあと、アルファジリを設立しました。しかし、事業がなかなか軌道に乗らず、お金を借りたくても、銀行は貸してくれない。そんなときにボーダレスグループを見つけて、連絡してきました。投資会社だと勘違いしていたようです。

資金提供してほしいという彼女に、最初に対応した担当は「うちは投資会社じゃないので」と断ったのですが、僕は偶然その話を聞いて興味を持ちました。彼女に連絡して詳しく話を聞いたところ、想いは素晴らしい、事業も本当に貧困農家のことを考えてつくられていた。ただ、ビジネスモデルや現場の運営面でいろいろ課題があるようでした。

僕たちの考え方や仕組みを伝えると、ヤクちゃんは「ボーダレスに入りたい」と言いました。これが彼女との出会いです。

ヤクちゃんは、今でこそグループのムードメーカー的な存在ですが、すぐにその文化に馴染んだわけではありませんでした。

それまでのボーダレスグループは、僕と起業家を目指す社員ががっぷり四つに組んで、

「最短で圧倒的なソーシャルインパクトを出そう」と頑張ってきた会社です。みんなで助け合うことを何よりも大切にし、オープンマインドな関係をすごく大事にしてきて、阿吽（あうん）の呼吸で分かり合えるくらい密な時間を過ごしてきました。

一方、ヤクちゃんは、歩んできた道も背景も全然違います。しかも、ケニアで独自に活動を続けているので、会話するのはいつもオンラインです。

そんなヤクちゃんに対しても、僕たちはボーダレスグループの文化に染まることを求めました。社長たちが一堂に会する半年に一度の世界会議で、すーさんがヤクちゃんに対して「心を開いていない」と指摘したことがあります。ヤクちゃんが少し距離を置いていたように映ったのです。今振り返ると、グループの空気感を肌で感じたことのないヤクちゃんにカルチャーフィットを求めたのは、酷だったなと思います。

それでも、元来人が好きなヤクちゃんはしっかり歩み寄ってくれました。会話する機会が増え、お互いの人となりを知るようになった今では、彼女はグループになくてはならない存在になりました。

企業カルチャーの共有を見直すきっかけとなった「福岡オフィスの開設」

文化共有は、アルファジリが加入する何年も前から、実は経営上の最大のテーマの一つでした。

創業以来、僕は文化形成にエネルギーを注いできました。当時のインタビュー記事では、「創業者の仕事は文化をつくること」と話していたくらい、文化形成・文化共有にこだわりを持っていたのです。

ボーダレスグループが大切にしてきた文化は3つあって、**エコファースト**（**環境への配慮を最優先する**）、**ファミリーワーク**（**家族のように助け合いながら仕事する**）、**Something New**（**常に新しいことに挑戦する**）、**これを「ボーダレスイズム」と呼んでいます。**

企業文化は頭で理解するだけでなく、行動として共有されなければ意味がありません。そのためには、行動が習慣化されるまで誰かが言い続ける必要があります。会社の文化を体現しているのは創業者ですから、まずは僕が行動で示し、口酸っぱく言い続けることをずっとやってきました。

それが、今はまったく言わなくなりました。

最初に文化共有を見直すきっかけとなったのは、さかのぼること２０１２年８月の福岡オフィスの開設です。

僕は自然豊かな地元の福岡に帰って暮らしたいという想いがずっとあり、わがままを言って福岡に戻らせてもらうことにしました。僕について来てくれた３人の九州出身者と一緒に、福岡に新たな拠点をつくったのです。

個人的な理由で福岡に移ったことをみんなに申し訳なく思いました。当時、陣頭指揮をとっていたＡＭＯＭＡ事業を絶対に大きくして、「社長が福岡に行って結果的に良かったね」と言わせるんだ、それが自分なりの責任の取り方だと思って、がむしゃらに頑張りました。

東京ではボーダレスハウス、福岡ではＡＭＯＭＡと担当事業が異なるため事業運営に支障はありませんでした。その代わり、文化の共有が困難になりました。文化共有には、常に文化を体現し植え付ける人が必要だと言いましたが、東京でそれを実践する人がいなくなったからです。

福岡に移ってからも、僕は東京のメンバーに文化共有の大切さを遠隔で伝え続けました。

たとえば、帰宅時にはコンセントをすべて抜いて省エネ意識を徹底しようと決めていたのに、東京ではそれが徹底されていないと知ると、東京のメンバーに連絡して「どうなってるの？」と厳しく問い詰めたこともあります。みんなエコファーストが大事だと理解しているけれど、誰もそんな小姑みたいに細かいことをメンバーに言い続けたくないのです。

「自分がいないところでの文化共有は厳しいんだな」

そう思いながらも文化共有の旗振りを続けたのは、今後年間１００社を新設する体制をつくっていく中で、文化の共有をどこまで徹底すべきかを僕自身が見極めたかったからです。

つまり、文化共有は本当に必要か、という大きな実験を始めたのです。

ボーダレスグループは国連。ビジョンと目的さえ共有していれば、加盟国（各社）の文化はそれぞれでいい

こうした実験を、グループ会社体制に移行したあとも含めて7年間続けました。

やってみた結果、**文化共有はできない、いや、やる必要がないというのが僕たちの出した結論です。**

文化とは人に依存するものです。だから、同じ空間にいれば、考え方ややり方が自然と共

有されていきますが、場所が違えば、それは一気に難しくなっていく。つまり、それでもやろうとすると無理が出てくる。ルールのような感じで窮屈になっていく違和感を持ち始めました。

そんな時、アメリカに留学した時に感じたことが蘇ってきました。ここに集う軸さえしっかりしていれば、あとの細かいことは「みんな違って、みんないい」、もっと自由にいこうじゃないか。

世界会議でみんなの意見を聞いてみました。

「この7年間、みんなも知っての通りカルチャー、カルチャーと言い続けてきたけど、みんなはどう？　拠点もたくさん増えて、いろんな人が入ってきて、文化共有はどれだけ重要なんだろうか？」

数時間みんなで議論し合ったあと、出した結論はカルチャー不要。人として、そしてボーダレスグループに集う上で大切なこと「エコファースト」「ファミリーワーク」「Something New」という3つの精神は、今後も僕たちの共通言語として大切にしながらも、各社それぞれのスタイル・やり方で自由にいこう、と決めたのです。

それ以降、僕はそれまでが嘘のようにカルチャーという言葉を使うのを一切やめました。

文化を共有しないのなら、僕たちを結びつけるものは何なのか。

今のボーダレスグループは、ビジョンと目的を共有する集団です。

この世界会議の帰り道、青山（日本の難民雇用に取り組むピープルポート代表、青山明弘）がこう言いました。**「ボーダレスは、つまり国連みたいなもんだってことですよね！」**。世界平和という一つの大きな目的のもと各国が集まって協力し助け合うが、各国の文化は一つである必要はない。インドにはインドの文化があり、日本には日本の文化がある。各国の文化や独自性を尊重しながらも、みんなで協力し合う国連のような組織だ、と。

また、別の日。ゆりえ（食品流通のフードロスに取り組むタベモノガタリ代表、竹下友里絵）はこんなことを言っていました。**「ボーダレスは、ジャニーズみたいだ」**。ジャニーズジュニアのように、何もないところから育成サポートしてくれるのに、デビュー（起業）すると自由にやれる。ジャニーズの各グループにそれぞれの色があるから面白いように、ボーダレスグループ各社もいろいろな色がたくさんあったほうが面白い。

お互いの独自性を尊重し合うことで、より自由、つまり、より広いキャパシティを持ったコミュニティとなる。そうすることで、よりしなやかで、より大きく成長していく道を選びました。文化共有の縛りから解放された今、みんな自由闊達に動いています。

2018年にボーダレスグループの社員と家族向けにつくった冊子「IMPACT」。当時は、文化を共有するために様々な取り組みをしていました。閲覧希望の方は、右のQRコードよりご覧ください。

読者限定コード：IMPACT

仕組みは変えていくもの。実験を繰り返して磨かれ進化し続ける

以前とは別人のように、カルチャーと言わなくなった僕ですが、7年間も執拗(しつよう)に実験を重ね、やれることはすべてやった結果の決断なので、一つの結論が出せて今はすごく気持ちがいいです。二度とカルチャーを持ち出さない自信があるくらいです。

振り返ってみると、創業期から僕が文化共有にこだわってきたのは、それがなければこの急激な会社の成長が実現できなかったからです。

文化の共有は、会社が一つにまとまり、全員一丸となって成長していく原動力になります。創業期にはとても重要なことだと思います。

一方で、ボーダレスグループの場合は、あるステージから文化の共有が逆に成長の足かせになっていたことも確かです。文化共有に代わり、今度は「社会をみんなで良くしよう!」という共通の目的・ビジョンのもとに多種多様なカルチャーの仲間が集まる集団へと脱皮するステージに入りました。

これから会社が大きくなり、また新たなステージに入るたびに、会社の形態もその時々に最適なものに変化していくでしょう。**僕にとっては経営のすべてが実験**です。実験するたびに、その意味を解釈し、修正しながら実効性を高めていく。各起業家が、自分のプロダクトやサービスを磨き上げていくように、僕たちはボーダレスグループという仕組みを、実験を繰り返しながら磨き、進化させ続けていきます。

第3章
「社会問題を解決するビジネス」のつくり方

ボーダレスグループでは、これまでに40の事業を立ち上げてきました。もちろん、すべてソーシャルビジネスです。

そんな僕たちが、数々の失敗と成功経験を通して得た知見、社会問題をビジネスで解決するための「ノウハウ」を紹介するのが、第3章と第4章です。

前にも述べましたが、ソーシャルビジネスと従来のビジネスでは、ビジネスモデルを考えるスタート地点が違います。

まずこの第3章では「ビジネスモデルのプランニング方法やチェックポイント」について、続く第4章では実際の事例をもとに「事業立ち上げ後の大切なポイント」について解説していきます。これらのノウハウが少しでも、これから挑戦する人の役に立ってくれたらと願っています。

プランニングのゴールは、「1枚のシート」を完成させること

現在、ボーダレスグループのビジネスはすべて、1枚のシートから始まります（188～

189ページ参照）。このシートには、ビジネスを始めるにあたって考えなければならないことや、押さえるべきポイントが凝縮されています。いわば**ソーシャルビジネスの設計図**です。シートは、次の３つの要素で構成されています。

1. ソーシャルコンセプト

誰のどんな社会問題を、どのように解決して、どのような社会を実現していくのか。つまり、社会をどのようにリデザインしていくのかを描いたもの

2. 制約条件

ソーシャルコンセプトに当てはまるビジネスアイデアを考えるうえで押さえておくべき条件

3. ビジネスモデル

誰に・何を・どのように提供するのか。制約条件を満たした商品やサービスをビジネスに落とし込んだもの

3. ビジネスモデル

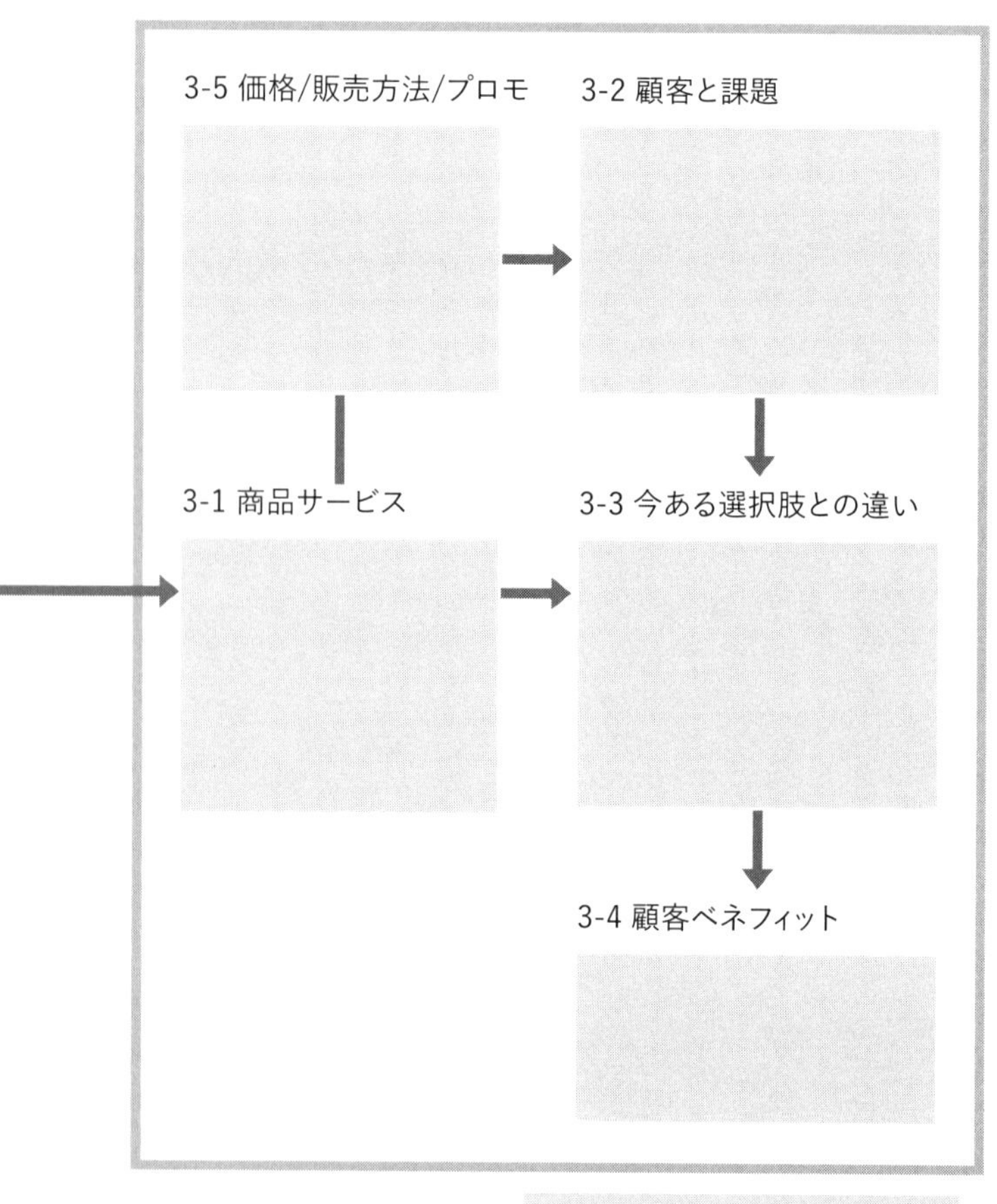

ソーシャルインパクト

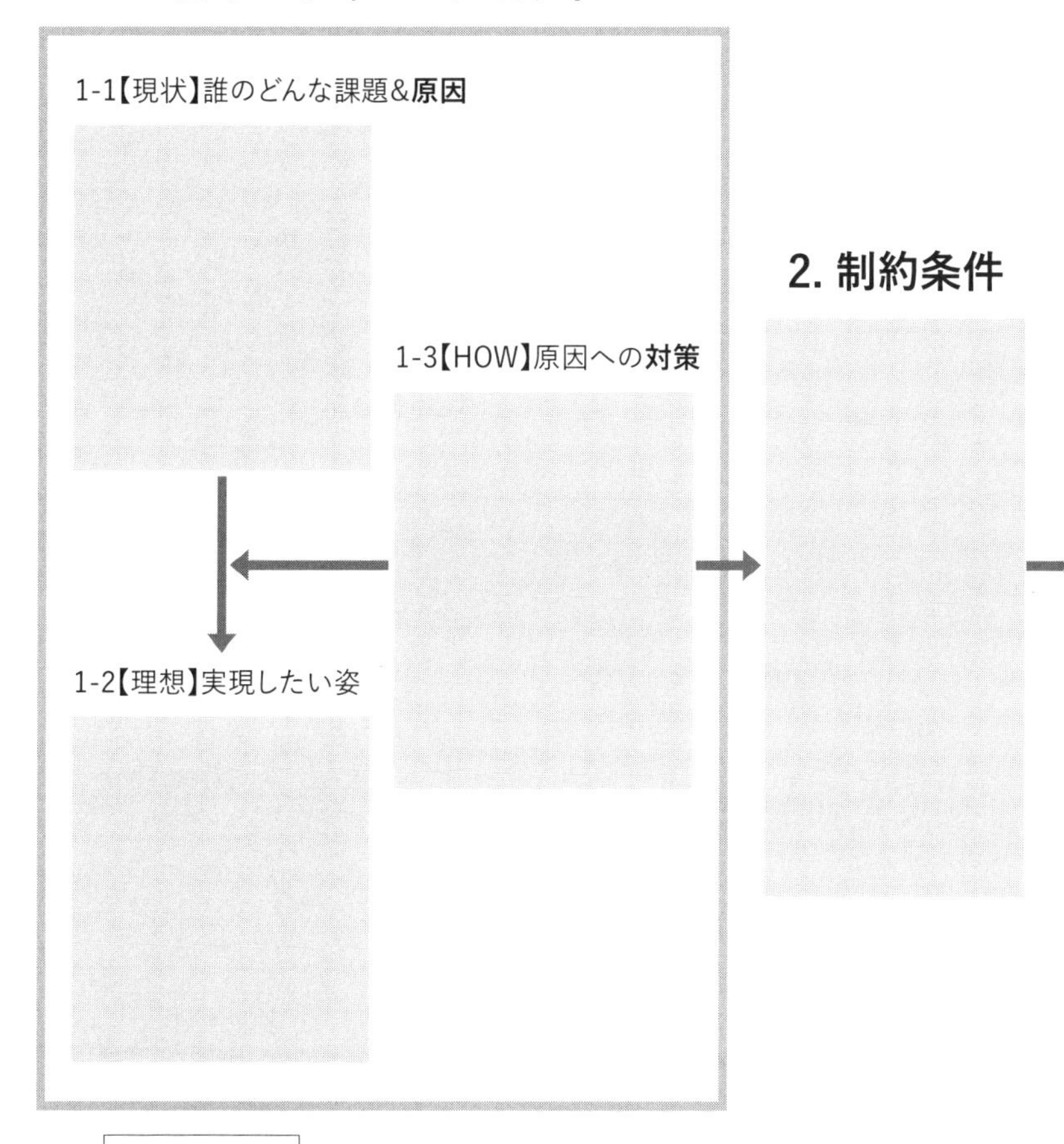

◀シートのダウンロードはこちら

詳しくはこれから説明していきますが、シートを見ていただくと分かるように、シートの左右に「ソーシャルコンセプト」と「ビジネスモデル」があり、その2つを「制約条件」が結びつけています。

このシートが表現していることは、**起点はソーシャルコンセプトであり、そのソーシャルコンセプトで描いた社会を具現化する手段としてビジネスモデルがある、**ということです。

ビジネスモデルをこのように捉えることに馴染みのない読者の方も多いと思いますが、社会づくりのためのビジネスプランニングでは非常に大事なことなので、心に留めておいてください。

事業を立ち上げる際、まずやることは、この1枚のシートを完成させることです。このシートの順番に沿ってプランニングしていけば、ビジネスを正しく設計できるようにつくられています。

では、ボーダレス流のビジネスのつくり方を解説していきましょう。

大原則「ビジネスモデルの前に、まずソーシャルコンセプト」

従来のビジネスと比べて、ソーシャルビジネスが一番違うことは何でしょうか。まずはそこから説明していきましょう。

最大の違いは、考える順番です。まずソーシャルコンセプトを固めてから、それをビジネスモデルに落とし込んでいきます。

シートの左側から、

1. ソーシャルコンセプト
2. 制約条件
3. ビジネスモデル

必ずこの順番で考えてください。

わかりやすく比較するために、従来のビジネスのつくり方を思い出してみてください。

起業の成否を決めるのは、なんといってもビジネスモデルです。魅力的なビジネスモデルがなければ、起業資金を集めることができません。十分な資金がなければ人も採用できません。資金も人材も、結局は優れたビジネスモデルがあるからこそ集めることができるわけです。

また、どんな起業指南書にも、「成長マーケットに入れ」と書いてあります。縮小する市場で減っていくパイを狙って戦ってもみんなが消耗するだけです。逆に、市場全体が大きくなっていけば、その中で多少の競争やシェアの奪い合いがあっても、どこかにおこぼれはある。

そうした理由から、これから伸びていくであろう成長マーケットを見定め、そこで優位性を保てるビジネスモデルを考えていくのが一般的です。

それに対し、**ソーシャルビジネスはまったく異なるアプローチをとります。**

貧困や人種差別、環境問題といった「社会問題が生まれている原因」を捉え、その原因に対して有効な対策を考える。そうやって社会を確実に変えていくのがソーシャルビジネスです。

ですから、理想の社会づくりの設計図＝ソーシャルコンセプトをつくり、それをビジネスモデルに落とし込んでいく、という順番で考えていくのです。

ソーシャルコンセプトがなぜそんなに重要なのか

ところが、下手にビジネス経験のある人ほど間違いがちです。ついつい、うまくいきそうなビジネスアイデアが先行してしまう。ビジネスアイデアが先にあって、それを後付けで社会問題にはめ込もうとするのです。残念ながら、この順番では社会問題に対する本質的なアプローチにはなりません。

こういう**〝なんちゃって社会性ビジネス〟はいくら概念上はきれいに見えても、現場の実態は大したインパクトになっていないことが多い**のです。後付けの社会貢献はＰＲにはなっても、実態は薄っぺらいことは自分自身が一番よく分かっています。それをＰＲし続けても、自分が後ろめたい気持ちになるばかりです。そういう人ほど、「ソーシャルビジネス」という言葉を否定します。ビジネスは本来ソーシャルなものであって、あえてソーシャルビジネスという必要はない、と。

でも、本物のソーシャルビジネスは違います。最初はビジネスアイデアなんか一切考えません。考えるのは、「この社会問題が起こっている本質的な原因は何なのか」。現場に入って、課題を抱える当事者に何度もヒアリングを重ねながら、徹底的にその原因を追究していきます。

そうやって社会問題の「原因」を突き止めることができてはじめて、それに対する「対策」が見えてくるのです。ボーダレスグループの起業家にも、このソーシャルコンセプトができあがるまでに1カ月以上かかる人もいますが、僕はソーシャルコンセプトができあがるまではビジネスの話は一切しません。

こうやって見えてきた**社会問題の原因に対する「対策」を忠実に体現した商品・サービスをつくり、それをビジネスモデルに落とし込んでいく。この順番でなければ、ピントの外れたビジネスモデルになってしまい、社会問題を解決する社会ソリューションにはなりません。**

このあとビジネスモデルのところでも触れますが、当初考えたビジネスアイデアがそのままうまくいくとは限りません。ビジネスアイデアというのは、あくまでも仮説です。実際にやってみないと、うまくいくかは分かりません。頭がいい人が考えればうまくいくのなら、東大出身者はみんな起業したら成功するはずです。でもそうはなっていませんよね。何度も何度も試行錯誤を繰り返し、やりながら修正を繰り返していくのです。

だから、うまくいかないビジネスモデルはどんどん変えていかなければいけない。そのときの拠りどころとなるのが「ソーシャルコンセプト」なのです。**ソーシャルコンセプトという社会づくりの設計図＝「幹」がしっかりあるからこそ、ビジネスアイデアという「枝葉」の部分はどんどん変えていける**のです。

一方、「このビジネスアイデアはうまくいく！」と思って始めた事業がもしうまくいかなかったらどうなるでしょう。そこでパタッと止まってしまいますよね。

「ビジネスモデルの前に、まずソーシャルコンセプトをつくろう」と僕が口を酸っぱくして言っているのは、そのためでもあるのです。

テーマの「ベスト探し」をやめて、まずは動いてみよう

ところで、本書の読者の中には、漠然としたものであっても、「こんな社会問題を解決してみたい」という想いのある人もいるでしょう。一方で「社会問題がたくさんあって絞り切れない」とテーマ選びの段階で足踏みしている人もいるかもしれません。

テーマを決めきれない人は、もしかすると「ベスト探し」をしているのかもしれません。

「自分が人生を懸けて取り組むべきテーマはコレ！」とは言い切れない。まだ今は思いついていない何かがあるはず……そう考えてずっと一歩目を踏み出せずにいる人も多いのではないでしょうか。

そんな方におすすめの方法をご紹介したいと思います。

何かないか、といつまでもベスト探しをしていてもしょうがないので、いったん現時点で自分が関心のあること、やってみたいこと、自分でもできると思うこと、何でもいいので思いつく選択肢をテーブルの上に並べてみてください。それはすべて、ベストとは言えない選択肢です、でもまったく無しでもない。つまり現時点で考えられる「ベターな選択肢」ということです。

このベターな選択肢の中から、最もベターな選択肢を一つ選んで、まずはそれをやってみる。僕はこれを**「Better than Better」と呼んでいて、大切にしている歩み方の一つです。**

人は、自分が今までに見聞きし、経験したものの中からしか選択肢は出せないものです。つまり、何もしないままずっと考えていても、新しい選択肢は出てこないということ。だから、ベストとは言い切れなくても、今考えられる選択肢の中で一番ベターなものをまずは選んでやってみる。

一度やると決めたら、大人のケジメです。やっぱりあっちかも、こっちかも、と途中でフラフラせずに、ともかく今の自分でやれるところまで全力でやりきってみる。

実際にやってみると、自分がすごく追求したいテーマになるかもしれないし、やっぱり違うなと思うかもしれない。**実際にやってみないことには、本当にやりたいことかどうかも分からない**ものです。

もしも、「これだ！」と思えばそのまま続ければいいし、「違うな」と思えば立ち止まればいい。そして、もう一度、その時点での「ベターな選択肢」を並べてみましょう。今回のアクションで、いろいろ見聞きし、経験したものが増えています。そこには、以前にはなかった選択肢が並んでいることに気づくでしょう。

その中から再び最もベターな選択肢を選び、また動いてみる。それを繰り返しながら、自分が情熱を傾けて取り組めるテーマを見つけていけばいいのです。そして、「これがベストだ！」というものに出会えればラッキーですし、もしそうじゃなかったとしても、目の前のベターな選択肢に一生懸命取り組み続けているあなたの人生は、とても充実したものになっているはずです。

また、**自分の人生をどのテーマに捧げるのか、一つに決める必要もまったくありません。一つに決めようとするから、先に進めなくなるのです。**僕自身は挑戦したい社会問題がたくさんあるので、一つに制限されるのはまっぴらごめんです。今、僕が緊急課題として特に注力しているのは地球温暖化ですが、それだけに限定するつもりはありません。政治の問題や教育の問題など、あらゆる社会問題に取り組みたいと思っています。

やりたいことはいろいろあっていい。でも現実的にすべてを同時に始めることはできませんよね。どうせ、一つずつ順番にやっていくしかないのです。**まずは一つしっかり形にしてこそ、次の挑戦にいける。**そう考えると、いつまでも何がベストかと「正解探し」をして止まっているよりも、ベターな選択肢でいいからまずは一つ挑戦してみるほうがいい。人生はやってみてはじめて分かることばかりです。

テーマ選びに原体験はいらない

社会問題を解決するのに、本人の原体験をことさら重要視する人がいます。その問題を当事者として体験したり、身近にそんな人がいなければ、その課題を深く理解することはできない、と。でも、本当にそうでしょうか。

原体験はまったく必要ない——これが僕の考えです。

原体験などなくても、自分が素直に関心を持ったテーマに取り組めばいいと思います。たとえばペットを飼った経験のない人が、殺処分される犬猫のことをニュースで知って憤りを感じれば、ペットの殺処分問題をテーマに取り組めばいい。自分に原体験がなくても、知ったからには放っておけないと関心を持ったテーマに自分の人生を使って挑戦するのは、とても尊いことです。たとえ自分が当事者ではなくても、今は当事者の気持ちが分からなくても、その課題について調べ、現場に飛び込んで、本気で取り組む中で徐々に分かっていけばいいのです。

僕自身もそうです。大学生の頃に、たまたまテレビで流れた栄養失調に苦しむアフリカの子どもたちの映像を見たのをきっかけに、貧困問題の解決を志しました。そこから現場に足を運び、実際に活動していく中で、その想いが本物になっていきました。

時に、**原体験が邪魔をすることもあるので注意が必要**です。たとえば、子どもの頃にいじめられた経験から、いじめ問題に取り組もうとする人がいます。それ自体はとても素晴らしいことですが、その人の原体験から10年以上も時間が経過した今では、状況が変わっているかもしれません。自分が当事者であるがゆえに、思い込みやこだわりから現状認識にバイアスがかかることがあります。自分の原体験に引っ張られて、こうであるに違いない、という決めつけが起こらないように注意が必要です。

つまるところ、原体験の有無は関係ありません。原体験はあっても、なくても、どちらでも構いません。

原体験よりも大事なことは、社会問題が生じている現場に飛び込んで、現状をリアルに見ることです。リアルにどれだけ迫れるかが、プランニングでは最も重要なことなのです。

社会問題の本質に迫るために、ボーダレスグループではソーシャルコンセプトを徹底的に突き詰めて考えていきます。ソーシャルコンセプトをかためるプロセスを通して、誰でも自分が関心のある社会問題に挑戦することができるようになるのです。

それでは、次項からはシートに沿って順番に詳しく解説していきましょう。

まずは、「1．ソーシャルコンセプト」です。

1.ソーシャルコンセプトを考える

社会問題の「現状」「理想」「対策」を徹底的に考える

ソーシャルコンセプトは、社会問題の「現状」と、その課題を解決することで実現したい「理想の姿」、さらに理想と現状のギャップを埋めるための「HOW」を定義したものです。この3つを徹底的に考えることから始まります。

1つ目の社会問題の「**現状**」ですが、それは「誰」の「どんな課題」なのでしょうか。誰がどのような状態に置かれていることを社会問題と捉えていますか。これを明らかにします。

２つ目の実現したい「**理想**」は、現状からどのような状態になれば、理想の姿と言えるのでしょうか。「実現したい具体的な姿」をイメージします。**この理想の姿こそが、ビジネスに挑戦する目的ですから、理想の姿は明確に定義**しておく必要があります。

３つ目の「**HOW**」を考える前に、「現状」の解像度をもう一段上げていきます。

先ほど定義した「誰のどんな課題」は、表面に見えている課題です。課題の裏には、必ず原因があります。この根本的な原因を突き止めなければ、社会問題に対して効果的な対策を講じることができません。

課題に対していきなりHOW＝対策を考えようとする人が多いですが、表面に見える課題だけを見て、それを潰そうとするのは、モグラたたきのようなものです。大切なのはその根っこです。その課題が起こっている「原因」に対して「対策」を講じてこそ効果があります。「**原因と対策**」、この言葉を覚えておいてください。

整理すると、

１−１【現状】誰のどんな課題＆その本質的な原因

１−２【理想】実現したい具体的な姿

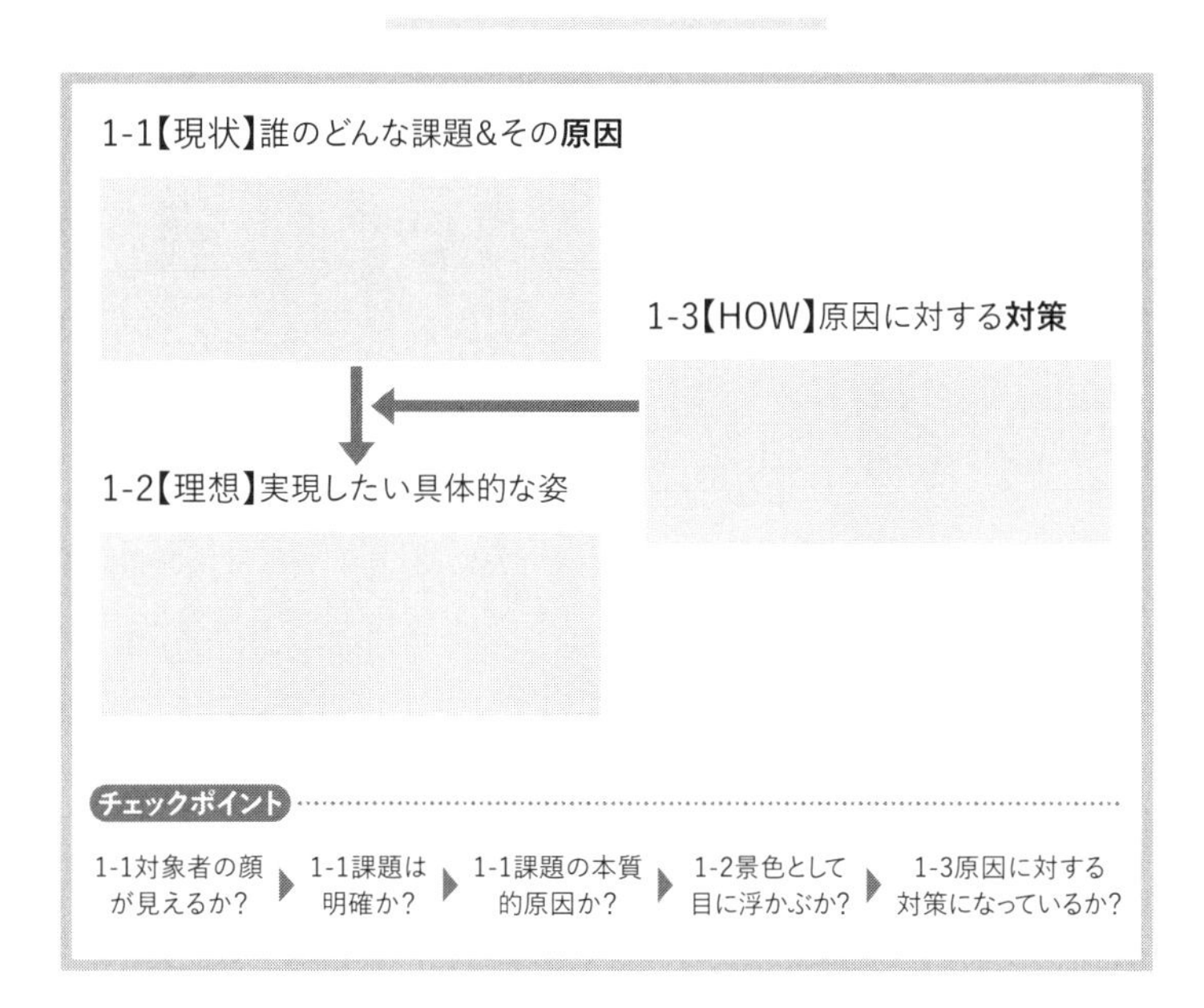

1-3【HOW】原因に対する対策

これを書き上げることが最初のステップです。

このソーシャルコンセプトをかためる段階が極めて重要ですが、はじめて挑戦する人には難しく感じられるかもしれません。

次からは、それぞれのポイントや注意点を詳しく解説していきます。

1－1【現状】のチェックポイント――対象者の顔が見えるか？

社会問題の「現状」を考えるとき、まず明確にすべきことは、「その社会問題は、誰の課題なのか？」ということです。

あなたが解決したい社会問題とは、結局、誰の話でしょうか？

たとえば、貧困問題をなんとかしたい、と考えているとします。では、貧困に苦しんでいる「どこの誰を」助けたいのでしょうか。

「なんとなく解決したいテーマはあるのだけど、具体的な一歩が踏み出せない」という人は、その対象者が定められていない場合が多いので、まず最初にここを明確にしていくところから始めましょう。言い換えれば、その社会問題をざっくりとした情報による「概念」で捉えている状態から、**対象者のリアルな姿＝対象者の「顔」が見えるように具体化**していきましょう。

対象者の「顔」が見えることがなぜ重要なのか。それは、どこの誰の話をしているのかによって、その人が置かれている状況がまったく異なるからです。

　対象者を定めるとは、たとえばこういうことです。

「アフリカには教育を満足に受けられない貧しい子どもたちがいる。彼らに教育の機会を提供したい」という想いを持った人がいたとします。

　アフリカといっても、対象エリアは広大です。ケニアなのか、タンザニアなのか。国によって教育課題は違うでしょうし、タンザニアという同じ国の中でも地域によって子どもたちが置かれている状況は異なります。まずはどの地域の子どもの話なのかを明確にします。

　また、子どもと一口でいっても、小学生なのか、中学生なのか、高校生なのかでも状況は違ってきますよね。

「教育を受けられない原因」も子どもによって様々です。あなたが対象としているのは、村に学校がないために教育を受けられない子どもですか？　それとも、学費無料の公立学校はあるけれども、親が教育の価値を理解していないがために、学校に通わせてもらえず、畑仕事ばかりさせられている子どもでしょうか？　あるいは、小学校には行けるけれど中学校は遠く、バスに乗って通う必要があり、そのバス代が払えず教育を断念している子どもかもしれません。

　このように、具体的な対象者にクローズアップするほど、その人たちが置かれた状況はっきりと見えてきます。それはつまり、**どこの誰の話なのかを明確にしない限り、彼らが直面するリアルな課題や、その裏にある本質的な原因にはたどり着けない**ということです。

他の例も挙げてみましょう。
日本では、シングルマザーの過酷な状況をなんとかしたい、というテーマを持っている起業家がたくさんいます。シングルマザーと一口にいっても、いろんな人がいます。お金に困っている人もいれば、別のことで困っている人もいます。正社員で働きたい人もいれば、そうでない人もいる。自分の親に頼れる人もいれば、誰も頼れる人がおらず一人での子育てに精神的孤立を感じている人もいます。人それぞれ置かれている状況は違います。「自分は、どんな課題を抱えているシングルマザーの役に立ちたいのか？」と考えてみましょう。

地球温暖化はどうでしょう。こういう地球環境の問題は、対象者の「顔」が見えにくいと思うかもしれませんが、そんなときは「この問題を引き起こしているのは誰か」という視点で対象者を捉えます。そう考えると、地球温暖化の原因である二酸化炭素（CO_2）を排出している対象者は企業であり、一般生活者である私たちでもあります。どういう産業が一番CO_2を排出しているのか、また一般家庭で一番CO_2を出しているのは何なのか、車か？

電気か？　そう考えていくことで、地球温暖化という大きな問題であっても、具体的な対象者を定め、その「原因」と「対策」を考えていくことができるのです。

こうやって、対象者を定めていくと、社会問題にはたくさんの当事者がおり、それを引き起こしている原因もたった一つではなく、様々な原因がいくつも絡み合って起こっていることが分かってきます。いきなり課題に対して対策を考えても的外れになるよ、という理由はこういうところにあります。

社会問題を引き起こしている原因が複数あるからといって、たった一つの対策でそのすべての原因を解決しようと慌ててはいけません。どの原因にもかすってはいるものの、どの原因も解決できていない、という中途半端な対策になってしまいます。**一つひとつの原因を丁寧につぶしていくのが、結果的に一番の近道**なのです。

だから、ソーシャルビジネスはたくさんやっていい。いや、たくさんやる必要があるのです。一つの原因をしっかりつぶす、それができたら、次の原因に取りかかる。どれか一つに絞ろうと悩むのではなく、Better than Betterのように、できるものから一つずつ確実に解決していくことが大切です。だから、みなさんもぜひいろいろな事業を手がけていってください。

そして、実際のところは、たった一つの原因をつぶすためにも、様々な対策が必要です。

これほど**多種多様な社会問題があり、そして多種多様な原因がある。その一つひとつに対して、たくさんの対策を講じていかなければいけない。**だからこそ、スピーディーに社会を良くしていくためには、たくさんの社会起業家が必要なのです。社会起業家のプラットフォームをつくっているのも、年間100社つくると必死になっているのも、そしてこの本を書いているのも、すべてはこのためなのです。

1－1【現状】のチェックポイント――課題は明確か？

対象者が定まったら、その人たちの課題をより明確にしていきます。具体的に、彼らのどのような状態を課題と捉えるのか、ということです。

先ほども述べたように、対象者が違えば、置かれている状況も違います。つまり、対象者が「誰か」と、「どんな課題か」は切り離して考えることができないのです。ですから、**課題を考える時は、「誰のどんな課題か」をセットで考える**ようにしましょう。

ここでは、第2章でも紹介したAMOMA（ミャンマーの貧困農家のためのハーブ事業）のケースを例に説明します。

ＡＭＯＭＡでは、「誰のどんな課題か」を次のように定義しました。

まず、対象者の絞り込みです。

対象地域に選んだのは、ミャンマーの僻地にあるリンレイ村です。この村のほぼ全世帯が、葉巻たばこの葉を栽培するタナペ農家でした。農薬と化学肥料を大量に使うため、栽培コストは上昇する一方で、農家の生活は圧迫されていました。

対象者をクローズアップするため、村人に話を聞いて回りました。すると、村全体としては貧しいものの、その中でもとても貧しい人とそれほど貧しくない人がいる実態が見えてきたのです。村で最も貧しいのは、狭い土地しか持たない農家でした。

そこで、この「小規模農家」こそ助けが必要な対象者だと考えました。

次に、彼らが直面する課題を探っていきました。

小規模農家は、農業だけでは食べていけないため、誰かが出稼ぎに行かなければならず、家族が離れ離れになってしまっている家庭もありました。また、蓄えがないので、病気や冠婚葬祭などでお金が必要になると、仲買人から借金しなければなりません。その利子が毎月10％と高利なので、一度借金したら抜け出せなくなっていました。

「小規模農家が借金から抜け出せない」という課題が見えてきました。

1−1【現状】のチェックポイント――課題の本質的原因か？

「誰のどんな課題」が明確になったら、次に明らかにすべきことは、**なぜその課題が起きているのかという「課題の本質的な原因」**です。

リンレイ村のケースでは、僕たちが目をつけたのは、タナペの買取価格でした。タナペの買取価格は、市場の需給バランスで決められるマーケットプライスをベースに仲買人が決めていました。その年に採れた生産量と需要のバランスから価格が決まるため、年によっては10倍の価格差がついていました。

つまり、「市況によって大きく変動するマーケットプライスに依存しているため、収入が不安定になること」が、貧困農家の課題を生み出している根本的な原因ではないか。ここを解決しない限り、いくら栽培技術支援などをやっても借金漬けの状態からは抜け出せない

――そう考えたのです。

表面に見える課題を深く掘り下げていくことでしか、本質的な原因を見極めることはでき

ません。その際、常識や既成概念にとらわれないことが大切です。

需要が供給を上回れば価格は上がり、需要が供給を下回れば価格は下がる。需給バランスで市場価格が決まるのは、ある意味ビジネスの世界では当たり前のことです。その当たり前を当たり前と決めつけず、現実をフラットな目で素直に見つめてこそ、表面的には見えてこなかった「本当の原因」が見えてきます。この社会問題に対する自分なりの洞察、独自の切り口こそが、結果として独自のソリューション開発につながっていくのです。

ここではもう一つ、同じく第2章で取り上げた「ビジネスレザーファクトリー」のケースを見ておきましょう。これは、バングラデシュの貧困問題の解決のため雇用創出を目的に立ち上げた事業です。

ただ**「貧困層」というざっくりとしたものでは対象者の顔が見えないので、「貧困層の中でも特に困窮している人は誰か」を掘り下げていきました。**

そうして絞り込んだのが、シングルマザー、身体障がい者、親のいない若者たちです。彼らは働きたくても仕事に就けず、仕事があったとしても、その給与は最低賃金以下であったり、劣悪な環境での労働を余儀なくされていました。

では、彼らが仕事に就けない、就けたとしても劣悪な労働環境で働かなければならないのはなぜなのか。課題の裏にある根本的な原因を探っていくと、未就学や未経験、スキルの低さ、環境整備コストがボトルネックだと分かってきました。

つまり、読み書きができない、あるいは、仕事をした経験がないから教育コストがかかる。シングルマザーのためには託児所をつくらないといけない、身体障がい者のためには施設改修コストがかかる。それらが原因で、彼らを雇用する企業がなかったのです。

僕たちは、そんな彼らを雇用するためにバングラデシュに自社工場を建てました。そして、工場には託児所やアフタースクールをつくり、障がい者も働ける生産ラインをつくりました。全員が未経験者であるため、一から研修し、少しずつステップアップしていける教育体制をつくって、彼らに安定した収入と安心・安全の職場環境を提供しています。

1―2【理想】のチェックポイント――景色として目に浮かぶか？

社会問題の現状が明らかになったら、次に、**社会問題を解決した先に実現したい「理想の姿」**を描きます。

この事業を行うことで、対象者にどのような状態になってほしいのか。言い換えれば、対象者がどのような状態になるまで事業を頑張るのか。こうした社会起業家の意志が表れたものが、理想の姿です。まさにこれが、あなたが立ち上げる企業の「ビジョン」となります。

ここでも重要なことは、できるだけ具体的な姿に落とし込むことです。僕が考える**「具体的な姿」とは、「景色」として目に浮かぶ姿であること。変化したあとの対象者の暮らしが、まるで景色を見るように鮮明にイメージできることが大切**です。「ビジョン」とはそういうことです。

理想の姿を鮮明に描くには、繰り返しになりますが、その前の社会問題の現状把握がしっかりとできている必要があります。対象者の顔が見えていて、その人たちの課題が明確であれば、その対象者自身がどうなりたいと思っているのかも見えてくるはずです。

リンレイ村を例にとると、こうなります。

小規模農家の現状を、「市況によって大きく変動する『マーケットプライス』に依存しているため、収入が不安定で借金から抜け出せない状態」としました。

それに対して、理想の姿に掲げたのは、「作った作物を安定的かつ適正な価格で販売することができるため、安心して農業を営み、将来に対する希望を持って家族みんなで暮らすことができる」というものです。

理想の姿に正解はありません。ただし注意したいのは、現状の課題をひっくり返しただけの理想の姿にしないことです。

たとえば、農家が「赤字農業のため借金漬け」という現状に対して、「黒字になって借金から抜け出した状態」を理想の姿とする。これでは単に現状の課題が消滅した状態を表現しているだけです。

社会起業家というのは、ソーシャルビジネスという「手段」を使った社会活動家です。こんな社会をつくりたい！という社会のビジョンを描くべきです。みんながそれいいね！という「みんなの夢」となる理想を描く。その素敵な理想が共有できているからこそ、農家も一緒に頑張ってくれるのです。

1−3【HOW】のチェックポイント ――原因に対する対策になっているか？

ここまでで、社会問題の現状と、実現したい理想の姿が出そろいました。いよいよ最後は、

「社会問題」を解決して「理想の姿」を実現するための**ソリューション「ＨＯＷ」**を考えます。**ソリューションとは、すなわち現状と理想のギャップを埋めるための対策**です。

先にも述べたように、対策は原因に対して講じてこそ、効果を発揮します。ですから、課題の裏にある本質的な原因を把握していることが、対策を考えるうえでの大前提です。

ＡＭＯＭＡを例に、これまで定義してきた要素を整理してみます。

【現状】市況によって大きく変動する「マーケットプライスに依存」しているため、収入が不安定で借金から抜け出せない葉巻たばこの小規模農家

【理想】つくった作物を「安定的かつ適正な価格」で販売することができるため、安心して農業を営み、将来に対する希望を持って家族みんなで暮らすことができる

現状を理想に変えていくために、どんな対策が必要なのか。

僕たちが捉えた本質的な原因「マーケットプライスへの依存」に対し、考えた対策はこうです。

【HOW】農家と企業が顔の見える関係で取引をするコミュニティトレードにより、「ファーマーズプライス」を実現する

つまり、市況により大きく価格変動するマーケットプライスではなく、栽培コストや生活費など農家に必要な金額をもとに価格を決めるファーマーズプライスでの買取保証をすることにしたのです。

栽培に取りかかる前に取り決めたファーマーズプライスは途中で変わりません。そして、生産した分は全量買取保証します。そうすることで、農家は安心して頑張ることができるのです。これが、「マーケットプライス」を本質的原因と捉えた独自の切り口に対する、「ファーマーズプライス」という独自のソリューションです。

大事なことなので何度も強調しますが、原因と対策、この2つが一対を成します。また、対策は、そのファーマーズプライスを実現するためには顔の見える関係での取引＝コミュニティトレードが必要という「具体的な手段」になっています。

ここまでの要素をソーシャルコンセプトのシートに落とし込むと、次ページの図のようになります。

1. ソーシャルコンセプト

1-1【現状】誰のどんな課題&**原因**

市況によって大きく変動する**市場取引による「マーケットプライス」に依存**しているため、収入が不安定で借金から抜け出せない葉巻たばこの小規模農家

※原因と対策は**太字**で記載
課題が起きている**本質的原因**と、**それに対する対策**が書かれているか

1-3【HOW】原因への**対策**

農家と企業が"**顔の見える関係**"**で直接取引をするコミュニティトレード**により、農家の生産コストや生活費を基にした買取価格「**ファーマーズプライス**」を実現する

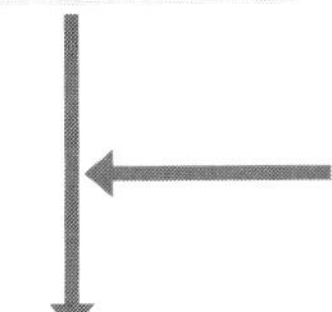

1-2【理想】実現したい姿

つくった作物を「安定的かつ適正な価格」で販売することができるため、安心して農業を営み、将来に対する希望を持って家族みんなで暮らすことができる

※全項目1〜2文の文章で記載
箇条書きはダメ

シートの書き方の注意点として、**原因と対策を太字にしましょう。**こうすることで、原因と対策が対の関係になっているかどうかが一目瞭然になります。

また、各項目の中は、**箇条書きではなく、必ず文章で書いてください。**箇条書きで書くと、いろいろな課題・いろいろな原因の列挙になりがちで、各要素の因果関係がよく分かりません。因果関係をはっきりさせるために、1〜2文の文章で書くことをルールにしています。

これでソーシャルコンセプトは完成です。

イケてないソーシャルコンセプトにならないように、「本当のようなウソ」に気をつける

ソーシャルコンセプトをかためる際に、最も重要で、なおかつ難しいのが、「本質的な原因を把握する」ことです。

表面に見える課題しか見ていないと、もれなくイケてないソーシャルコンセプト（＝**実態に合っておらず、課題解決につながらないもの**）**ができあがります。**

たとえば、「発展途上国の農家が貧しいのは、栽培技術の低さが原因である」とよく言われます。実際の貧困農家を見ても、栽培技術が明らかに未熟でした。そこで、「栽培技術を

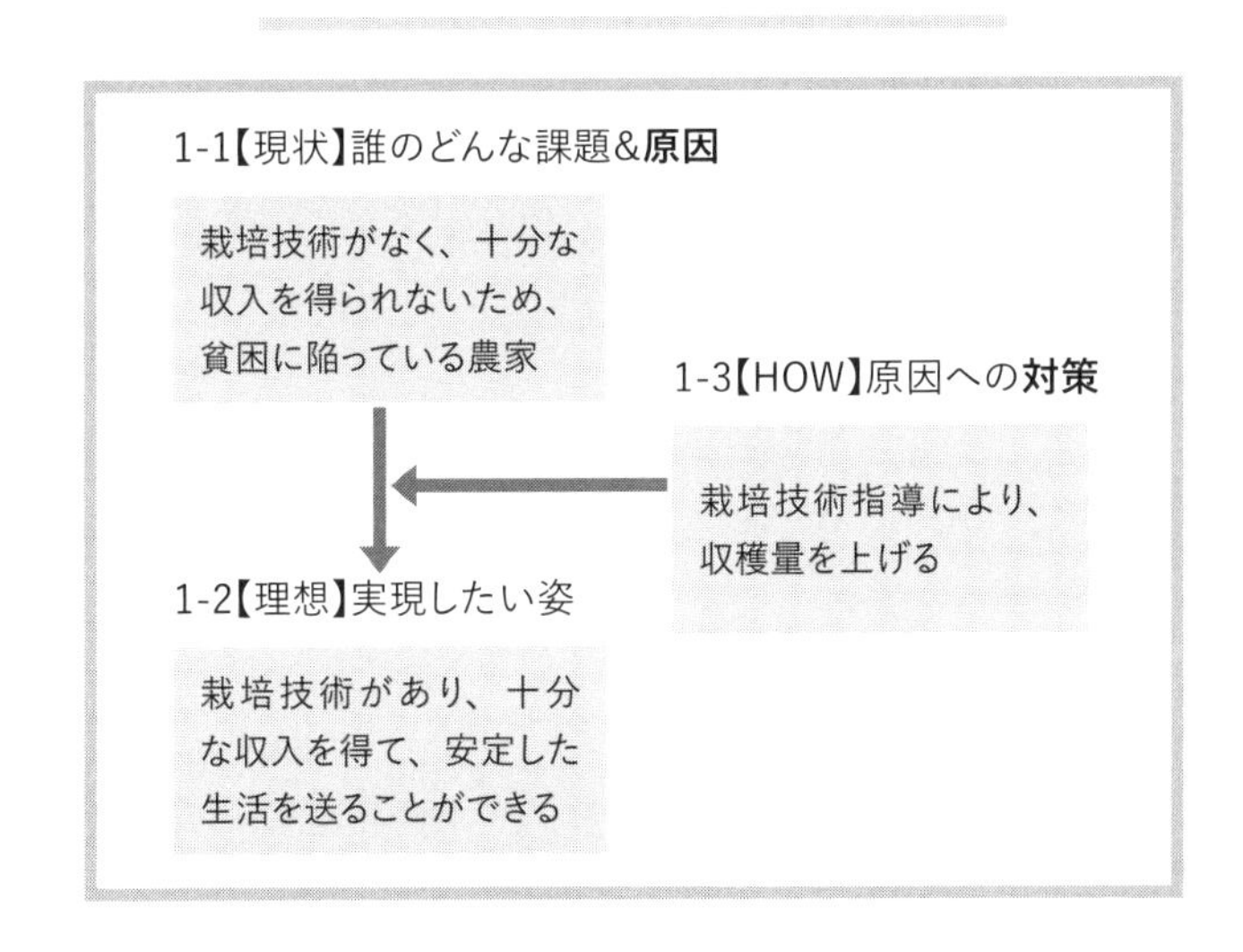

習得すれば農家は豊かになれる」と考え、技術支援をその対策としたソーシャルコンセプトをつくったとします（上図）。

なんとなくそれらしい図式ができあがりますが、これで本当に農家が貧困状態から抜け出すことができるでしょうか。リンレイ村のケースであれば、それはNOです。農家がいくら栽培技術を習得しても、タナペ流通の問題が変わらなければ彼らの貧困状態は改善されません。リンレイ村を見た時に、その栽培技術の低さに注目して技術指導しても、状況はあまり変わらなかったでしょう。

このように、課題の本質に迫るうえで障害となるのが、既成概念です。

「世の中ってこういう構図だよね」といった概念がメディアを通して入ってきます。それらは**「本当のようなウソ」**であることが少なくありません。たいていの情報というのは、事実ではあるが、決して全体を表したものではないことがほとんどです。メディアは一部を全体のように伝えがちですし、僕たちも一部を全体のように捉えがちです。情報だけでつくられた知識・概念を怪しむことも大切です。

だから**ソーシャルコンセプトをつくる時に必要なのは、「それって本当?」と常に疑う姿勢**です。「一般的にはこうだと言われているけど、それって本当?」と疑って、自分の頭でちゃんと考えることです。

そして、実際の現場に出かけていき、当事者や関係者からたくさん話を聞かなければなりません。机の前に座ってああでもない、こうでもないと考えていても、答えは出ないのです。**概念で考えるのではなく、リアルな現場に行く、当事者に会いに行く。そうしてはじめて、「自分はこういう人たちのために頑張りたいのだ」と対象者の顔がありありと浮かんでくる**のです。

社会問題の本質的原因に対する独自の切り口が、独自の社会ソリューションへ

少し前に書いたように、社会問題の裏側には、複数の原因が存在するのが一般的です。リンレイ村のケースでは、マーケットプライスへの依存を本質的原因と捉えましたが、貧困農家を生み出す原因はそれだけではありません。

たとえば、借金の利子が高すぎることが原因である、という捉え方。買取価格が下振れして、借金に頼る年があってもいいけれど、借金の利子が高すぎるから、農家が借金から抜け出せなくなる。これも一つの原因と言えると思います。その場合は、低利子のマイクロファイナンスを提供するのも対策として浮かび上がってきます。

「これが本質的な原因だ」という唯一の正解があるわけではないのです。また、最もインパクトがある対策でなければならないわけでもありません。それよりも大事なことは、それが効果的な手であるかどうかです。

いろいろな原因が考えられる中で、何を原因と捉えるのか。**同じ社会問題を解決するのに**

も、社会起業家が3人いたら、三様の捉え方があります。実際には三様どころか、もっとたくさんの原因があるでしょう。

その中で、自分はどの原因に対して対策を講じていきたいのか。それを追求していくことが大切です。

みんなで同じことをする必要はないのです。もし、まったく同じソリューションをすでにやっているところがあればそこにジョインするのが一番です。ソーシャルビジネスというのは、みんなで社会の「穴」を埋めていく作業です。誰か一人で社会の穴を埋めきることはできません。だから、社会起業家に必要なのは、同じ穴を競争して取り合うことではなく、まだ放置されたままの隣の穴を埋める役割分担です。**これからのビジネスに必要なのは、「競争」ではなく「協創」**なのです。

当事者ヒアリングのコツは「行動」を聞くこと

社会問題が起こっている本質的原因を把握するには、概念で考えるのではなく、リアルを知らなければならない、と先ほど述べました。

では、リアルを知るには具体的にどうすればよいのでしょうか。そのコツについてご紹介したいと思います。

リアルを知る一番いい方法は、当事者へのヒアリングです。その社会問題の当事者一人ひとりに直接話を聞いていく。そうすることで、実際はこうなんだとか、本人はこんなふうに考えていたんだ、といったリアルな状況や隠れた原因が見えてきます。

だから、僕は常々**「アンケート調査はやらないでいい」**と言っています。いくら大勢の人にアンケートを実施しても、大まかな傾向を知ることはできますが、対象者のリアルな姿に迫ることは絶対にできません。「何人中、何人がこう言っているから、こういうニーズがあると思います！」というのは社内プレゼンには使えるかもしれませんが、起業のリアルでは使えません。徹底してヒアリングをして、相手が置かれている状況、その人の本当の気持ち（インサイト）を自分が分かることが大切なのです。

ヒアリングでは、当事者に何を聞くかが重要です。

僕が必ず聞くのは、その人の「行動」です。実際にどんな行動をしているのか、を聞きます。

リンレイ村の例でいうと、農家の人たちが貧しいことが分かった時に、「今の貧しい状況から抜け出したいですか？」と尋ねても、ほぼ全員が「抜け出したい」と答えるだけで、その実態は見えてきません。

そこで、次のような質問をしてみます。

「では、今の状況から抜け出すために具体的に何をしていますか？」

すると、行動レベルでは差があることが分かってきます。

たとえば、人によっては農業以外の商売で十分収入があったり、口では「貧しい生活から抜け出したい」と言っているけれど、そのための行動は何もしていなかったりする。

一方で、そうした選択肢を持たない人もいます。貧困から抜け出す方法をいろいろ考えたものの、どうする手だてもなく、もうあとは子どもを出稼ぎに出すぐらいしか残されていない……そんな彼らこそ本当に助けが必要な人たちである、と分かるわけです。


行動を聞く時は、あらかじめいくつも仮説を持っておきましょう。たとえば、課題の一番の原因はこれかな、ボトルネックはここかな、とたくさん仮説を立てておきます。

それらの仮説に対して具体的な行動を聞いていくと、リアルな姿があぶり出されていきます。そうやっていろいろな人たちにヒアリングをし続けることで、自分が対象としたいのは誰なのか、対象者の課題やその裏に隠れた本質的な原因も見えてくるのです。

逆に、僕が**聞いてもあまり有効な回答を得られないと思っているのが、ソリューション（解決策）に関する質問**です。

よくあるのは、**「何があれば助かりますか？」**という質問です。具体的なソリューションを当事者にたずねてみても、答えはまず出てきません。

昔、ｉＰｈｏｎｅがまだなかった時代に、「どうすれば生活は便利になりますか？」と聞かれて、「画面をタッチするだけで操作でき、インターネットも使える携帯電話を持ち歩けたら便利です」と答える人がいなかったのと同じです。**いきなり、解決策を探そうとせず、当事者のおかれた状況、その課題が起こっている本質的な「原因」をつかむことに集中する**ことが大切です。

自分なりの対策が見えてきた時にはじめて、「こんなことを考えているんですが、あなたは参加したいと思いますか？」と聞くのです。そのときも、**「いいと思いますか？」でなく、「あなたは参加しますか？」と行動を聞く**ようにしましょう。相手は、善意で考えてきたあなたのアイデアにＮＯとは言わないものです。でも、「実際にやるか？」と聞かれると本当にやるかどうかは表情に出る。少しでも違和感があれば、またその理由を聞いていく。そうやって精度を上げていくのです。都合のいいアンケート結果で突っ走っても、起業した後に困るのは自分です。

最低でも10人には話を聞く

最後に、ヒアリングする人数についてもよく聞かれますが、人数は多ければ多いほどいいです。できれば10人以上には聞きたいところです。

10人という数字に根拠があるわけではありませんが、**3人程度の少人数では絶対にダメ**です。たとえば、3人にしかヒアリングしなかった場合、たった一人の話が全体の3分の1の話になります。「本当のようなウソ」と伝えたように、たった一人の意見を全体の声のように捉えてしまうことになります。それでは正確な状況把握はできません。

より多くの人に話を聞くことで、この仮説は正しい、この仮説は正しくない、と仮説検証しながら、よりフラットな目線で実態に迫ることができます。また、少人数のヒアリングでは、みんな言っていることがバラバラで、課題を招いている原因を特定するのは難しくなります。

一方、ヒアリングの人数が増えると、彼らの課題に共通項が見えてきて、「このタイプの人はこれがボトルネックになっている」と原因の見極めができるようになります。そうした共通項が見え始めるのが、10人程度のボリュームではないかと思います。

10人はどうしても難しいという場合にも、最低５人には実施してください。５人にもヒアリングする術がない場合は、実際に事業が立ち上がった後も、その当事者たちにあなたの商品やサービスを届ける術がないということです。広告をたくさん打ってお知らせするしかない、そんな事業が難航するのは目に見えていますよね。５人にもヒアリングできない場合は、本当にあなたが考えるような人はいるのか？　少し怪しいぞ、とアラートが鳴っていると思ってください。

2. 制約条件を整理する

ビジネスモデルを考える前に、やるべきことがある

ソーシャルコンセプトが固まったら、その中で定義したHOW（対策）を具体的なビジネスに落とし込んでいきます。

すでに述べた通り、対策とは、現実と理想のギャップを埋めるための手段であり、「こういうメカニズムができれば社会問題を解決できる」という社会ソリューションです。その対策をどのようにビジネスとして実現していくのか。ここではじめて、ビジネスモデルの話へと進んでいきます。

ＡＭＯＭＡの例でいえば、「農家と企業が顔の見える関係で取引をするコミュニティトレ

ードにより『ファーマーズプライス』を実現する」というのが対策でした。では具体的に、農家には何を栽培してもらうのか？　農家からいくらで買うのか？　どんな商品にして誰に売るのか？　どうやって宣伝するのか？　といったビジネスモデルを考えていきます。

ただし、**ビジネスモデルを考える前に、もう一つ大切なステップがあります。それは、「制約条件」を整理すること**です。

制約条件とは、その言葉どおり、ビジネスモデルを考えるうえでの縛りのことです。ソーシャルコンセプトをしっかり体現したビジネスになっていなければ元も子もありません。ビジネスアイデアが先行してしまわないように、制約条件を定めるのです。

本書の冒頭で触れたように、ソーシャルビジネスの対象者は、「効率の追求」という資本主義から取り残された人たちとなることが多々あります。彼らと一緒にビジネスを成立させるには、非効率や高コストといった様々な制約が生じます。それらを前提として、その制約条件に当てはまるビジネスを探していく、それが社会問題解決のためのビジネスのつくり方です。

では、制約条件をどのように導き出せばいいのでしょうか。

ソーシャルコンセプトで対象者の顔がはっきりと見えていれば、制約条件の整理はそれほど難しくはありません。

ＡＭＯＭＡを例に解説しましょう。

まず、対象者は誰かを振り返ると、ミャンマーのリンレイ村の小規模農家です。従来のタナペ栽培では農薬を多用するため健康被害が起きていました。また、農薬や化学肥料が栽培コストを押し上げ、農家の経営を圧迫していました。彼らはとても貧しく、借金漬けの状態です。

その状況を考えると、これから彼らに栽培してもらう作物は、これ以上農薬は使いたくありません。また、手元資金のない彼らには栽培コストの高いものは適していないことが分かります。したがって、「無農薬で、できるだけ栽培コストがかからない作物」を１つ目の制約条件に挙げました。

また、この事業は、ファーマーズプライスによる固定価格・買取保証の仕組みによって、小規模農家が安心して農業を営める未来を目指します。小さな土地で一家を養うだけの収入を得ようとすると、農家からの買取価格が高くなることは明らかです。そうすると、高い仕入値を許容できる付加価値の高い商品＝高く売ることができる商品をつくることが必要です。

1-3【HOW】原因への**対策**

農家と企業が“**顔の見える関係**”で**直接取引をするコミュニティトレード**により、農家の生産コストや生活費を基にした買取価格「**ファーマーズプライス**」を実現する

→

2. 制約条件

- 無農薬 / できるだけ栽培コストがかからない作物
- 高い買取単価を実現できる高付加価値商品
- リンレイ村260世帯に対して全量買取保証ができるマーケットサイズ

→

そこから2つ目の制約条件として、「高い買取価格を実現できる高付加価値商品」が導き出されました。

さらに、リンレイ村にはおよそ260世帯の農家があります。このうちの一部の農家だけが僕たちと契約して豊かになっても、「なんでお前たちだけ豊かになってんだ」と妬まれて、村の中で仲間外れにされるリスクがあります。それでは、経済的には豊かになっても幸せではありません。

村人たちの本当の幸せを考えると、契約農家になりたいと言ってくる人はみんな受け入れられるようにしておきたい。「260世帯に対して全量買取保証できるマーケットサイズ」という3つ目の制約条件も外せません。

3．ビジネスモデルを考える

制約条件をクリアするビジネスモデルを考える

制約条件を整理したら、いよいよ最後のステップであるビジネスモデルの構築に進みます。ビジネスモデルは、ソーシャルコンセプトにおけるＨＯＷ（対策）をビジネスで実現したものですが、**「制約条件を満たすアイデア」であることが最重要ポイント**です。つまり、制約条件を満たす、商品やサービスは何だろうと考えていくのです。

ＡＭＯＭＡを例にビジネスモデルのつくり方を見ていきます。ＨＯＷと制約条件は次の通りです。

【HOW】

農家と企業が顔の見える関係で取引をするコミュニティトレードにより、「ファーマーズプライス」を実現する

【制約条件】

- 無農薬／できるだけ栽培コストがかからない作物
- 高い買取価格を実現できる高付加価値商品
- リンレイ村260世帯に対して全量買取保証ができるマーケットサイズ

この制約条件をもとに、

- 農家には何を栽培してもらうのか
- 農家からいくらで買うのか
- どんな商品にするのか
- いくらで誰に売るのか
- どこで売るのか

・どうやって宣伝するのか

などを具体的に考え、ビジネスに仕上げていきます。

※AMOMAのビジネスモデルをつくった当時は、対象者を途上国の貧困農家（小規模農家）と想定していたものの、ミャンマーのリンレイ村に絞っていたわけではありませんでした（第2章を参照）。ただ、ここではわかりやすさを優先し、対象者をリンレイ村の小規模農家に設定して説明していきます。

まず、制約条件をもとに、3－1商品サービスを考えます。

農薬が不要で、化学肥料も使わずに育てられる作物であることが条件です。自然栽培に近い状態で育つもので、付加価値を高められる余地のある作物は何だろうか。それに当てはまる植物がハーブです。ハーブはとても生命力が強く、農薬を使わずに栽培しやすい植物です。そのハーブをブレンドすることで付加価値の高いハーブティを作ることができないか、そう考えたのです。

この商品を誰にいくらで売るのか。

一般的なハーブティは、1箱20ティーバッグ入りで800円程度ですが、AMOMAの場合、その価格では赤字になります。なぜなら、小規模農家の生活を守るためにハーブ原料を高値買取していること、そして、ただ商社から輸入するのと違い、自分たちで現地生産にかなりの額を投資しているからです。少しずつその費用も回収していかないといけません。

投資の例を挙げると、農家から買い取ったハーブをドライしてカットする工場はリンレイ村の近くにはありませんでしたから、加工場を現地に建設しました（それによる雇用も生まれています）。

その他にも、農家が抱えていた高利貸しの借金をすべて立て替え払いしたり、農家への技術指導のため有機農法の専門家を現地採用したり、今でもリンレイ村には自社農園を構えてスタッフが村に住み込み、年中テスト栽培をしながら農家に技術支援をしています。

これをすべて何の助成金や寄付金もなく、自社の資金でやっています。そのため、これらのコストも含めて事業が成り立つためには、通常価格の2倍近い値段で販売する必要があります。

この価格で売るのに、どんな付加価値をつけて誰に売るのか。ここではじめてビジネスアイデアが必要になってきます。

そこで、ハーブティへの需要を探し続けるうちに、母乳育児をサポートする「授乳期専用ハーブティ」というアイデアにたどり着いたのです（詳しくは第2章で述べた通りです）。

ビジネスモデルを考える上でのポイント（3—1〜5それぞれのポイント）

制約条件を満たすビジネスアイデアを考えたら、それを具体的なスキームに落とし込んでいきます。それがシートの右側のビジネスモデルの部分です。

この部分は、誰に・何を・どうやって提供していくのかという話であり、従来のビジネスと変わりません。

このシートに沿って考えていけば、ビジネスモデルの基本設計である4P（プロダクト、プライス、プレイス、プロモーション）や差別化ポイントが完成するようになっています。具体的には次の5つのポイントで考えていきます。

・3—1　商品サービス

まずは、どのような商品やサービスにするかを決めます。繰り返しになりますが、「**制約条件を満たすものは何か？」と考えることが重要です。こうやって商品アイデアを考えてい**

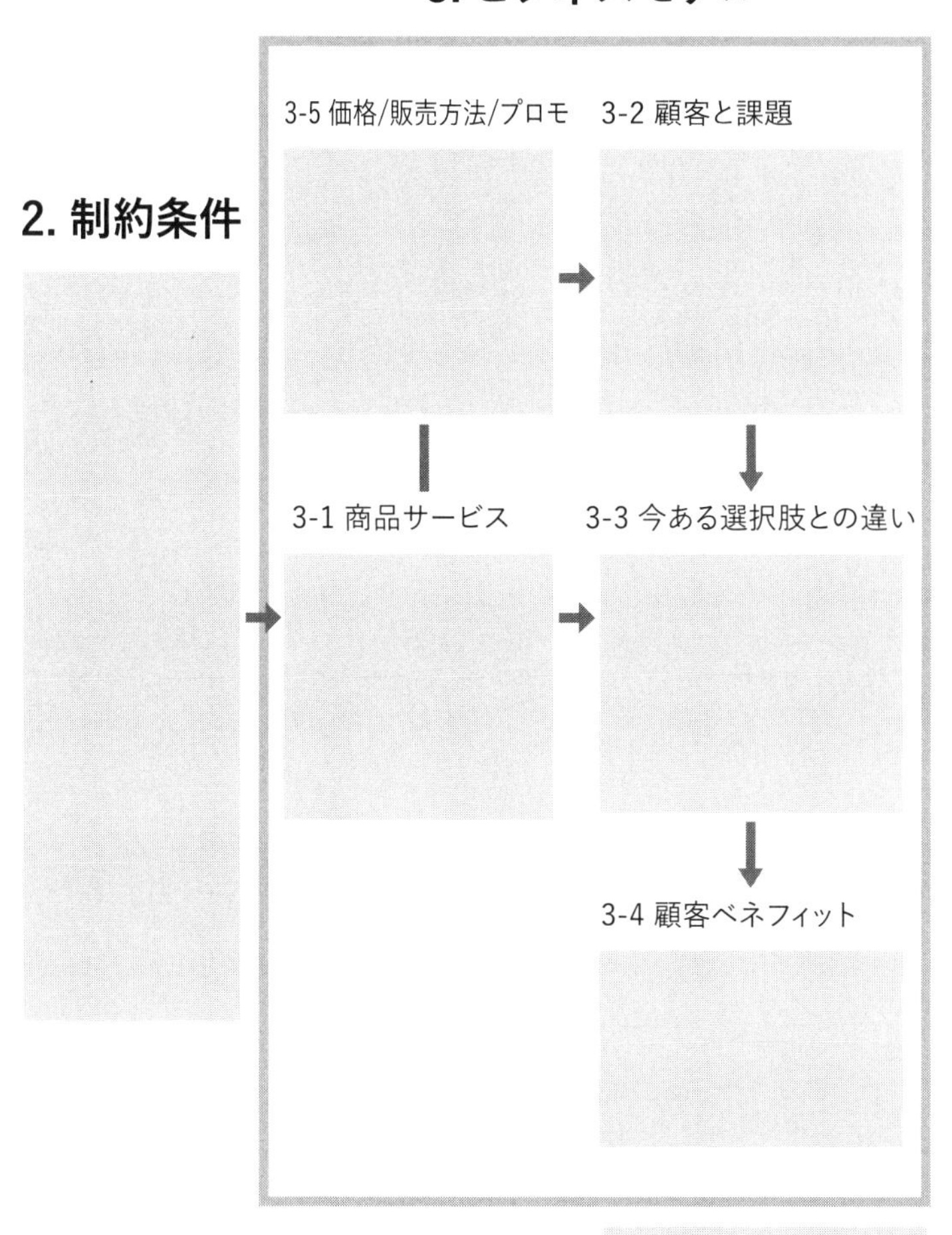
3. ビジネスモデル
3-5 価格/販売方法/プロモ
3-2 顧客と課題
2. 制約条件
3-1 商品サービス
3-3 今ある選択肢との違い
3-4 顧客ベネフィット
ソーシャルインパクト

くのは、今までのビジネスと大きく異なるところです。

今すでにあるもののモノマネはいけません。同じようなものをつくっても、価格競争になるだけです。単純な価格競争は、消耗戦になり、コストを切り詰める戦い、つまり効率の追求にまっしぐらです。非効率を含めて成り立たせようとするビジネスには不利な領域です。

また、単なるモノマネは、相手にとっても失礼なのでやめましょう。どうせやるなら、すでにあるものよりも圧倒的にいいものをつくる覚悟でいきましょう。

・3―2　顧客と課題

どんな優れた商品であっても、全員が買ってくれるものはありません。「**その商品・サービスを利用してくれる人は誰なのか？　顧客は誰で、どんな課題を持っているのか？**」を明確にします。人が商品やサービスを利用するのは何かの課題を解消するためです。顧客の課題が大きいほど、それを解決してくれる商品・サービスの付加価値が高まり、顧客はお金を出してでもその商品・サービスを買いたいと思います。

AMOMAでいえば、顧客である授乳期ママの約6割が母乳不足で困っていました。赤ちゃんに母乳をあげられない劣等感や、母乳の詰まりに悩まされているママもたくさんいます。授乳期のママにとってこれらは深刻な課題であって、母乳育児をサポートしてくれるハーブティの持つ付加価値はとても高いと考えられました。

また、年間約90万人の子どもが誕生する日本で、約６割がこうした課題を抱えているということは、毎年約54万人の母親が新たな顧客になる可能性があります。マーケットサイズとしても、リンレイ村の２６０世帯に対して全量買取を保証するのに十分な大きさが期待できました。

・3―3　今ある選択肢との違い

ビジネス用語でいうところの「差別化」です。**既存の商品・サービスと比べてどのような違いがあるのか**を明らかにします。

ＡＭＯＭＡでいうと、母乳不足や詰まりに悩む母親の選択肢は、母乳マッサージを受けることでした。そのために病院に行ったり、助産師さんに自宅に来てもらう必要があり、１回５０００円程度かかります。それに対し、ＡＭＯＭＡのハーブティは手軽にセルフケアできます。

また、すでに授乳期用とうたうハーブティはありましたが、誰が作ったか分からないものや、中には授乳中は禁忌とされているハーブを含む商品もありました。それに対し、ＡＭＯＭＡは英国メディカルハーバリストと日本の助産師によって開発されたという安心感があります。しかも農薬を使わずに栽培しているハーブ原料の安全性も差別化ポイントです。

・3―4　顧客ベネフィット

顧客は何のためにこの商品・サービスを購入するのか、という顧客ベネフィットも明確にしておきます。顧客はただその商品を買いたいのではなく、その商品・サービスを利用することで何らかのベネフィット（便益）を得ようとしているのです。

顧客がこれを買う明確なベネフィットが書けない場合は、強い顧客ニーズのある商品とは言えないでしょう。もし、そうだとすると口コミで広がっていくのは難しく、なんとか売ろうと広告宣伝費ばかりがかさんでいくリスクがあります。その場合は要注意です。もう一度立ち止まって、顧客のヒアリングをし直すことをおすすめします。

ＡＭＯＭＡの場合は、顧客がＡＭＯＭＡを求める理由は、ハーブティが飲みたいからではなく、母乳不足や母乳の詰まりを改善したいからです。これを飲むことで、赤ちゃんに自分で母乳をあげられる喜びを得られることが顧客ベネフィットです。

・3―5　価格／販売チャネル／プロモーション方法

最後に、この商品やサービスを顧客に届けるためのマーケティング戦略として、価格、販

3. ビジネスモデル

2. 制約条件

・無農薬 / できるだけ栽培コストがかからない作物

・高い買取単価を実現できる高付加価値商品

・リンレイ村 260 世帯に対して全量買取保証ができるマーケットサイズ

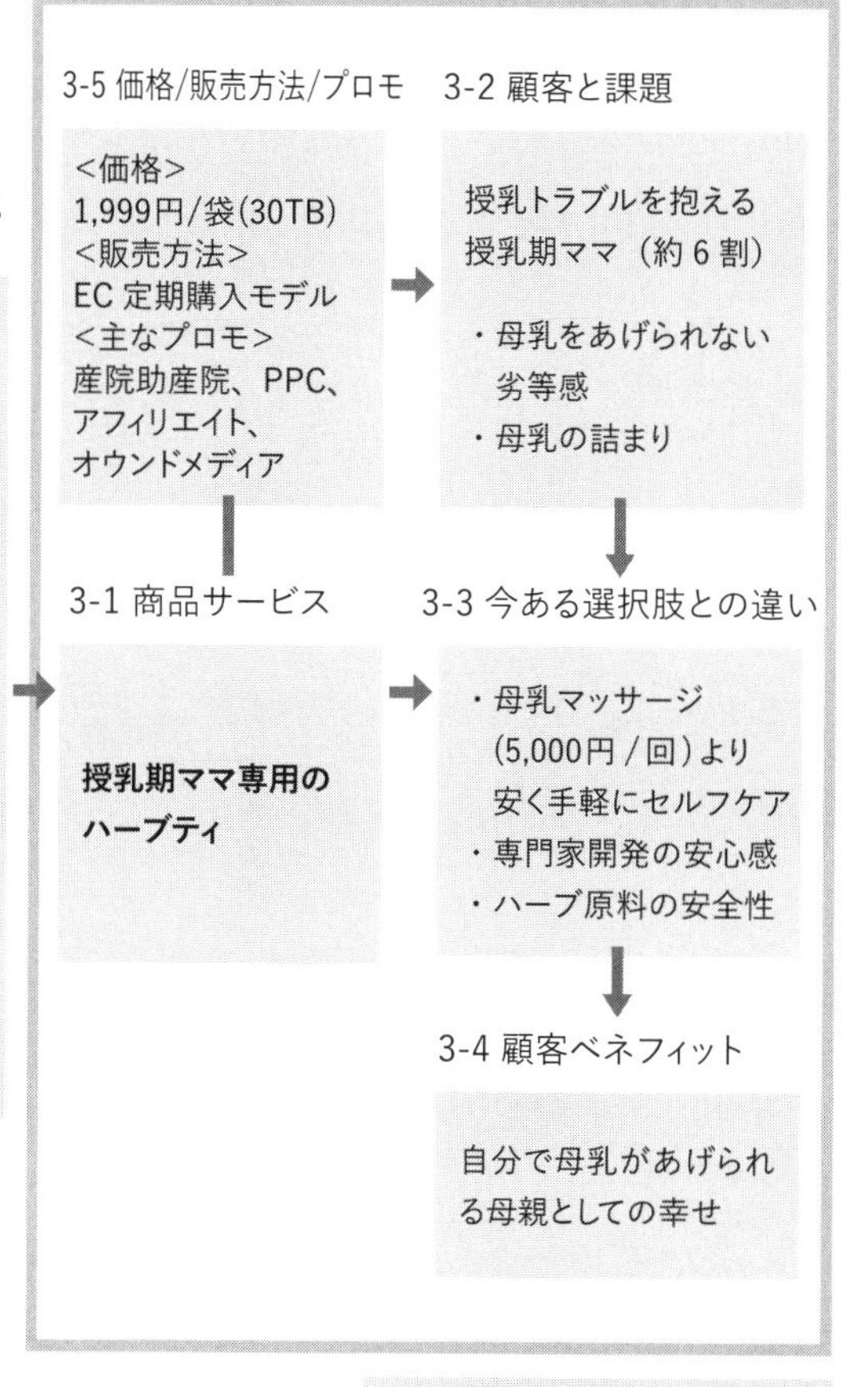

ソーシャルインパクト

契約農家数 (人)
借金がなくなった農家の数 (人)

売チャネル、プロモーション方法を考えます。ここでは、マーケティングの4P（プロダクト、プライス、プレイス、プロモーション）のうち、プロダクト（3－1　商品サービス）以外の残り3つをカバーしています。

ＡＭＯＭＡは、1袋30ティーバッグ入りの価格を1999円に設定しました。毎月この価格なら、飲み続けられるという価格です。農家から安定した高値でハーブの買取保証をするためには、安定した販売が見込めることが不可欠なため、販売チャネルとしてＥＣでの定期購入を採用しました。

また、商品を授乳期ママに知ってもらうため、産婦人科病院や助産院から退院時に商品を渡してもらうことにしました。

このようにシートの右側を埋めていくことで、ビジネスの基本設計がすべて完成します。

ビジネスモデルの良し悪しを見極めるチェックポイント

シートの右側を埋めてみたら、最後に「**自分が顧客の立場だったら本当に利用するか？**」「**自分が顧客だったらこの値段で本当に買うだろうか？**」と問いかけてみてください。これがビジネスモデルの良し悪しを判断する最終チェックポイントです。

その商品やサービスの良さを一番知っている起業家本人が使いたいと思わないのなら、それを他人に売ろうとしてもうまくいくはずがありません。

僕は「**マーケティングは、なりすまし力だ**」とよく言います。顧客にヒアリングを何度も重ねて、顧客のマインドにどれだけなりきれるか、そのうえで「自分が顧客だったら本当に買うのか」と考えてみてください。

僕もＡＭＯＭＡをつくった時には、授乳期のママに何人もヒアリングをし、その経済感覚や気持ちを自分の中に入れ込んだうえで、「自分が授乳中のママだったら、本当にこの商品を欲しいか？　本当にこの値段で買うか？」という自問を繰り返し、その答えがＹＥＳとなってから発売しました。

そうすることで自信をもって販売することができますし、もし売れなかったとしても「自分は顧客マインドをまだ分かってなかったんだな。もう一度ヒアリングし直そう」と自分にフィードバックがきて、自分のなりすまし力が上がっていきます。そうやって、マーケティング力がついていくのです。

一方、これをアンケート結果をもとに発売していたらどうでしょう？　アンケートではいい反応だったのに何故だろう？　アンケートの取り方を間違えていたのかな？」といつまでも堂々巡りが続くことになります。それも、僕が起業家に「アンケート調査よりもヒアリングをしよう」という理由です。

ビジネスモデルは、修正、修正を繰り返す

ビジネスモデルを組み立てても、実際にその仮説通りに進むことはあまりありません。ビジネスを始めてみたら、「対象顧客の想定が違っていた」とか、「このサービスはニーズがなさそうだ」といったことに気づくこともあるでしょう。仮説は間違うものです。間違ったままやり続けてもうまくいきません。仮説の間違いに気づいた時は、制約条件に戻って、

その条件を満たすまた別のビジネスアイデアを考えて、再び挑戦すればいいのです。

ビジネスモデルというものは、実践しながらどんどん変えていくものです。

その代わり、土台となるソーシャルコンセプトがしっかりしていなければなりません。ソーシャルコンセプトが固まっていないと、ビジネスモデルがうまくいかなかった時に、制約条件に立ち戻って態勢を立て直すことができず、一気に白紙状態になってしまいます。これはソーシャルビジネスを正しい順番でつくらず、ビジネスアイデアありきで考えてしまった場合も同じです。

しっかりしたソーシャルコンセプトがあれば、HOWを具現化する方法はいくらでも考えられます。

AMOMAの場合、たまたま母乳不足に悩む母親のためのハーブティというアイデアでしたが、もしこれがうまくいかなかったとしても、ハーブを使った付加価値商品は他にもあります。たとえば、不眠に悩むビジネスパーソンのためのハーブティはどうでしょうか。これなら、ある程度大きなマーケットと高単価の価格設定、継続購入が期待できる商品になるかもしれません。このように、ビジネスモデル側はいくらでも変えていけばいいのです。

ビジネス経験の浅い人には、「このアイデアがダメなら、次のアイデア」と次々とビジネスアイデアを生み出すのは難しいかもしれません。そのような時は、ビジネス経験の豊富な人に助けを求めましょう。ビジネスの分かる人なら、「こういうアイデアがあるよ」と教えてくれるはずです。

ただし、それもソーシャルコンセプトがしっかりしていれば、の話です。この骨格がなければ、「結局、あなたは何がしたいのか」と聞かれるばかりです。本当のところ何がしたいのかが分からない相手に、アドバイスのしようがないからです。

まずはソーシャルコンセプトをしっかり書ききること。**ソーシャルコンセプトさえ決まれば、制約条件が明確になるので、あとはそれを満たすビジネスアイデアを、いろいろな人の知恵を借りながら探すだけ**です。アイデアに正解はありません。やりながら修正を繰り返していくことで、必ず成功に近づいていきます。

ソーシャルインパクトを設定する

ビジネスモデルを組み立てたら、最後にソーシャルインパクトを設定します。

ソーシャルインパクトは、その社会問題がどれだけ解決されているかを測定するための指標です。社会問題の解決を目的とするからには、その目的がどれだけ達成できたのかという結果を追うことは必須でしょう。

たとえばＡＭＯＭＡの場合、「契約農家の数」と「借金がなくなった農家の数」をソーシャルインパクトに設定しています。

ソーシャルインパクトは数値化することが重要です。ボーダレスグループではこれらの数値を売上・利益とともに、月次で追いかけています。

なぜソーシャルインパクトの設定にこだわるかというと、これがなければいつの間にか売上・利益重視のビジネスになりかねないからです。

こうしたリスクはＡＭＯＭＡも例外ではありません。

母乳育児ハーブティが産後ママの間で人気になり、ブランド認知がアップしていくと、「AMOMAブランドで抱っこひもをつくってほしい」「オーガニックコットンの授乳服を出してほしい」といった要望が実際に出てきます。日本の産後ママの10％が購入しているブランドです。要望に応えて抱っこひもをつくれば、きっとそこそこには売れるでしょう。売上・利益だけ見れば成功です。

しかし、抱っこひもの売上だけ伸びて、リンレイ村の契約農家の数が増えなければ、それは単なる金儲けのためのビジネスです。僕たちがやろうとしているビジネスではありません。

仮に、抱っこひもをつくることで、顧客との接点が増え、ハーブティを飲む母親が確実に増えるというなら、抱っこひもをつくることにも意味があるかもしれません。しかし、マーケットニーズがあるからやる、となるとソーシャルビジネスの本質から外れてしまいます。そうやって、いつの間にか売上や利益を追いかけるだけの商売に変貌しないために、ソーシャルインパクトを設定する必要があるのです。

事業が立ち上がった瞬間から、毎月そのソーシャルインパクトを数値として追いかけることで、**ソーシャルコンセプトからズレずに、社会問題を解決することができます。**

逆に、理念・ビジョンだけで、事業のソーシャルインパクトを設定していない、またはそ

れを数値として追っていない会社は、本気でそれを追いかけていないないのでしょう。そういう意味では、ソーシャルビジネスとは、ソーシャルインパクトを経営指標として据えているビジネスのことをいうのかもしれません。

これでビジネスモデルシートの完成です。ボーダレスグループでは、このシートをもとにさらに詳細な事業計画書と収支シミュレーションを作成し、それを社長会で発表します。事業計画書の書き方については、従来のビジネスと大きな差はないので本書では割愛します。ご希望の方には、僕たちが使っている事業計画書の雛型を差し上げますので、こちらのＱＲコードよりダウンロードください。

事業計画書の雛形

3. ビジネスモデル

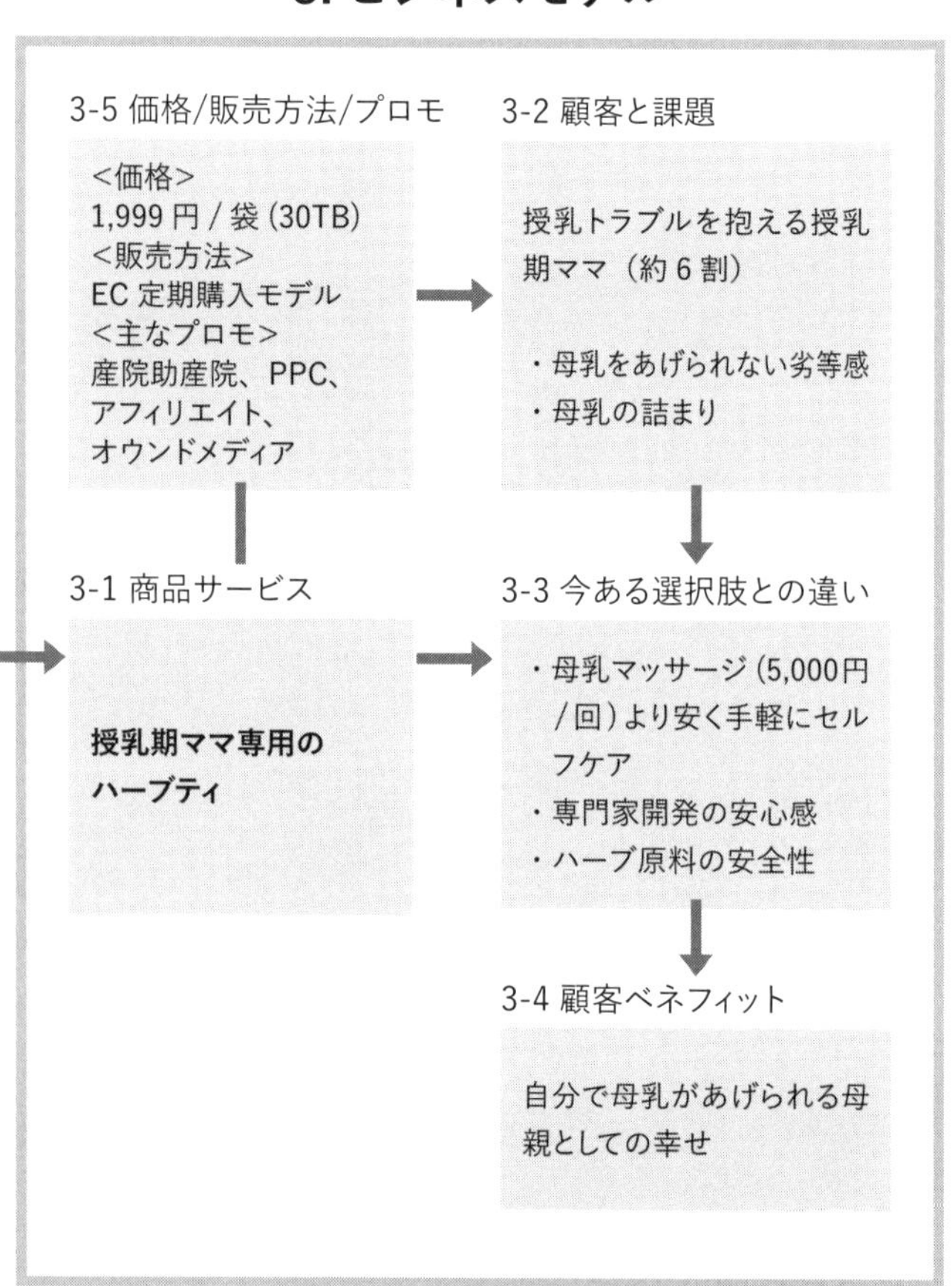

ソーシャルインパクト

契約農家数（人）
借金がなくなった農家の数（人）

AMOMA

1. ソーシャルコンセプト

1-1【現状】誰のどんな課題&**原因**

市況によって大きく変動する**市場取引による「マーケットプライス」に依存**しているため、収入が不安定で借金から抜け出せない葉巻たばこの小規模農家

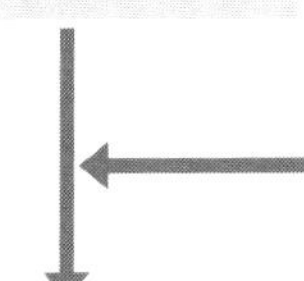

1-2【理想】実現したい姿

つくった作物を「安定的かつ適正な価格」で販売することができるため、安心して農業を営み、将来に対する希望を持って家族みんなで暮らすことができる

1-3【HOW】原因への**対策**

農家と企業が“**顔の見える関係**”**で直接取引をするコミュニティトレード**により、農家の生産コストや生活費を基にした買取価格「**ファーマーズプライス**」を実現する

2. 制約条件

- 無農薬／できるだけ栽培コストがかからない作物
- 高い買取単価を実現できる高付加価値商品
- リンレイ村260世帯に対して全量買取保証ができるマーケットサイズ

3. ビジネスモデル

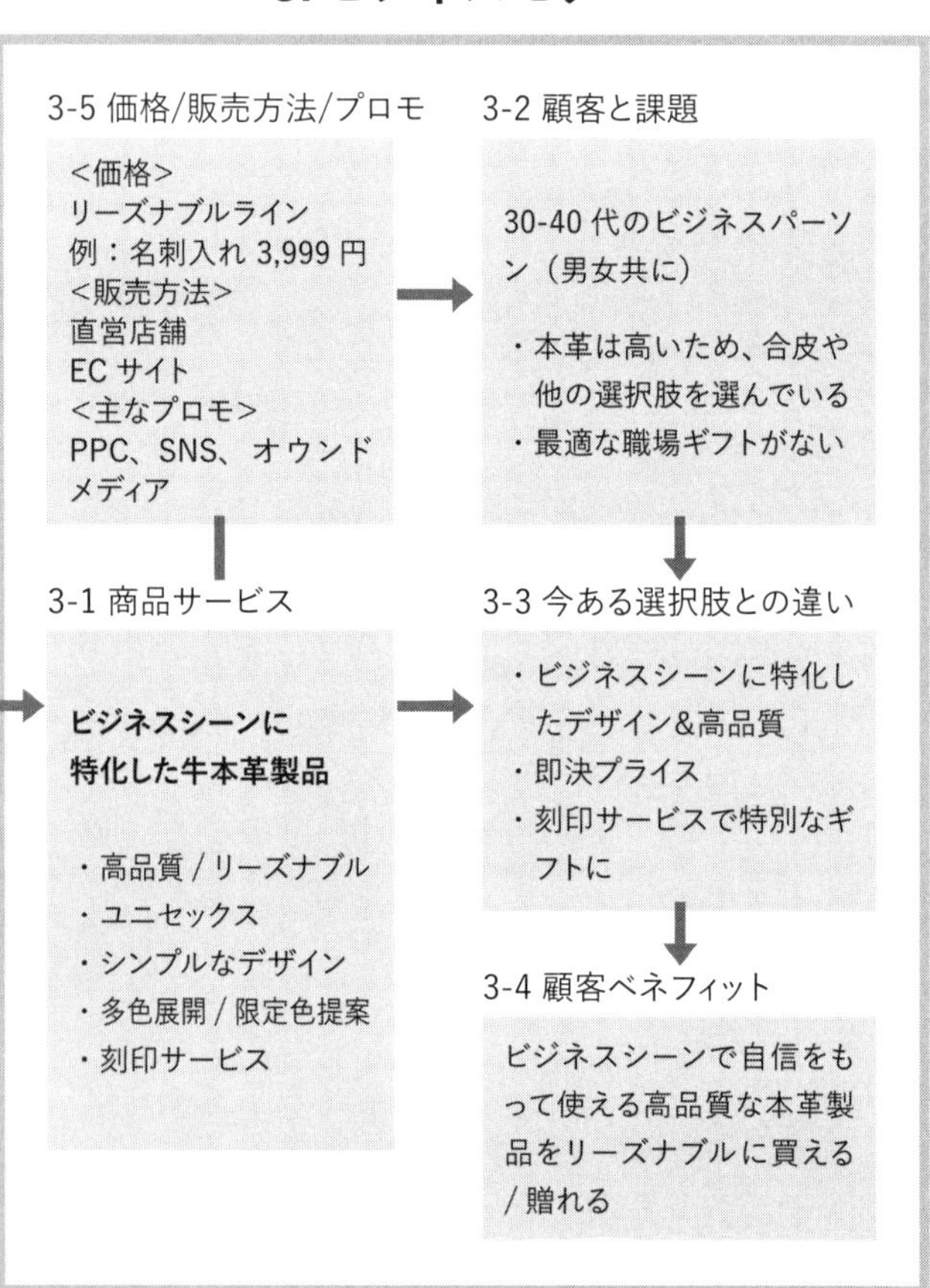

ソーシャルインパクト	バングラデシュ工場の雇用数（人）

ビジネスレザーファクトリー

1. ソーシャルコンセプト

1-1【現状】誰のどんな課題&**原因**

親のいない若年／シングルマザー／障がい者が、**未就学・未経験・障害などを理由に**雇用先がない、または低賃金・劣悪な労働環境で働いており、経済的にも精神的にも追い込まれている

1-2【理想】実現したい姿

安全かつ安心できる労働環境で、安定的な収入を得ることでき、仕事にやりがいや誇りを持ちながら「楽しく働く」ことができる社会

1-3【HOW】原因への**対策**

高付加価値商品を生産する**自社工場をつくり貧困層を直接正規雇用**することで、高賃金での安定収入を実現する

2. 制約条件

- バングラデシュに優位性のあるもの
- 多くの人々を雇用できる業態
- 未就学・未経験でも働ける生産ライン
- 高賃金を実現する高付加価値商品
- 継続的に雇用数を増やせる大きなマーケットサイズ

第4章

ビジネス立ち上げ後の「成功の秘訣」

この章では、ボーダレスグループのいくつかの事業を例に挙げながら、事業立ち上げ後のポイントを解説していきます。

立ち上げた直後、次に黒字化を目指す時期、そして事業を拡大させる成長期など、ステージごとにポイントは異なります。どの段階でも大切なのは、考えるだけでなく動くこと、スピーディーに修正を繰り返していくことです。

立ち上げ期には「誕生期」「ハイハイ期」「よちよち期」がある

まず、立ち上げ期と一口に言っても、いくつかのステップがあります。ボーダレスグループでは、目安として次のように設定しています。

- **ビジネスプランの承認から最初の3カ月は「誕生期」**
- **次の6カ月が「ハイハイ期」**
- **さらに次の6カ月が「よちよち期」**

また、各ステップにおいて、経営のマイルストーンを示しています（２５８～２５９ページのシートを参照）。それらを一つずつ解説していきましょう。読者のみなさんが立ち上げるビジネスにおいても、きっといい目安になるはずです。

・誕生期（ビジネスプランの承認から最初の3カ月）

社長会で事業プランが承認されると、初期費用５００万円と運転資金１０００万円が拠出され、いよいよ会社を設立。事業化に向けて動き出します。

承認から３カ月以内に実際に事業を開始するのが目標です。つまり、３カ月以内に商品・サービスを開発し、販売にこぎつける。この期間を「誕生期」と呼んでいます。

誕生期には、キャッシュの残高をできるだけ減らさないようにすることが絶対条件です。つまり、事業開始に備えて、止血しておくことが極めて重要です。そのために、**できるだけ早く事業をスタートさせること、それだけを考えます。**

また、この時期は、絶対に誰も雇わないのが経営の鉄則です。

累積キャッシュ損
-¥5,500,000

内に勝ちシナリオ発表			事業開始から12ヶ月以内に2ヶ月連続単月黒字達成					
4	5	6	7	8	9	10	11	12
2020/8	2020/9	2020/10	2020/11	2020/12	2021/1	2021/2	2021/3	2021/4
＜止血＞			よちよち期＜加速＞					
の仮説・検証 正解探しをしない) ビス ③販売方法 の確定			適度な広告予算をかけながら、確実にボリュームを取りに行く。 ④プロモーションの加速 ⑤オペレーションの構築					
だけアルバイトのみ採用			副社長・創業メンバーのみ採用 (一般社員はマネジメント課題になる。アルバイトは可)					

月次経営会議シート①経営状態

残り運転資金 キャッシュ残高

¥9,500,000

初期費用	最初の運転資金
¥5,000,000	¥10,000,000

運転資金残高	¥10,000,000	¥9,500,000					
マイルストーン	プラン承認	承認から3ヶ月以内に事業開始			事業開始から3～6ヶ		
	0	1	2	3	1	2	3
月	2020/1	2020/2	2020/3	2020/4	2020/5	2020/6	2020/
事業ステップ		誕生期＜止血＞			ハイハ		
やるべきこと		キャッシュを少しでも残すため 一刻も早くスタート			とにかくた （実行スピードがす ①ターゲット ②商品・		
採用		絶対に誰も雇ってはいけない			業務上どうしても必要		

基本業績

売上						
売上A						
売上B						
粗利益						
粗利率						
販管費						
人件費						
オフィス代						
その他						
営業利益						
営業利益率						

ソーシャルインパクト(○○○)						

KPI

「勝ちシナリオ」が見つかるまでは、仮説・検証をひたすら繰り返す

・ハイハイ期（事業開始からの6カ月間）

事業をスタートしても、顧客からすぐにいい反応が返ってくるとは限りません。商品やサービスをリリースしても、利用者数がなかなか伸びていかない、むしろそれが普通です。

事業を開始してから**最初の6カ月は、「①ターゲット ②商品・サービス ③販売方法」に関する勝ちシナリオを見つけるために、数多くの仮説と検証を繰り返す期間**です。

第3章でも述べたように、当初のビジネスモデルは仮説の一つにすぎません。実践してみて反応がなければ、別の仮説（やり方）をどんどん試しながら、ひたすら修正をしていきます。

顧客の反応やフィードバックに照らし合わせながら、サービスをこう改良してみよう、どうやら対象顧客が間違っていたらしい、こんな角度のメッセージに変えてみると反応が変わるかもしれない、どうやら価格が問題のようだ……。このように数多くの仮説を試し、勝ちシナリオを見つけるまでの期間を「ハイハイ期」と呼んでいます。

この時期は、とにかくスピーディーに仮説・検証を繰り返すことが重要です。つまり、「実行のスピード」がすべてです。

みんなが必ずと言っていいほど陥るのが「正解探しモード」です。ついつい頭で考えて「正解」を探し始めます。これは絶対にやってはいけません。**「これが正解かな？」と頭で考えることに意味はありません。**どれだけ考えても、それは正解かもしれないし、正解ではないのかもしれません。やってみないと絶対に分からないのです。たくさんの仮説をぶつけてみて、それに対して反応があるかないか。つまり、仮説・検証をひたすら繰り返します。

はじめのうちは、なかなか反応がない時期が続くでしょう。いわゆる**「反応ないぞ期間」**です。反応がないと、「そもそも事業ドメインはこれで合ってるのかな？」などと不安になってきます。それでも仮説・検証をやめてはいけません。

このときが勝負です。それでも、数多くの仮説を手当たり次第に試していける人は、事業の方向性を早めにつかむことができます。一方、頭でばかり考えて行動力が伴わない人は、ここで迷宮入りしてしまいます。起業家としての実力の差が一番表れるのがこのときです。

打ち手のアイデアが出ない時は、素直に周りの力を頼ろう

社長の仕事は自分一人の力で何とかすることではありません。自分でいい原案を出すことにこだわっても意味がありません。社長の仕事は、みんなの力を活かしながら事業を前進させていくことです。だから、起業したら一人で悩むクセはやめないといけません。**経営者は孤独と言っている人は、残念ながら経営者としては二流です。**経営者の仕事のやり方を間違えています。

打ち手のアイデアが出ない時は、素直に周りの力を頼りましょう。起業経験や事業立ち上げの経験がある人、マーケティングができる人を探して、アドバイスを求めることが大切です。それが経営者としての正しい仕事のやり方です。そのために、ボーダレスグループでは、スタートアップスタジオのマーケティングチームや僕がその相談相手になっています。

そうやって仮説・検証を続けていくと、そのうちに必ず反応が出始めます。反応が出始めたらしめたもの。その反応を見ながらさらに仮説・検証を繰り返し、改善を加えていきます。

そうやって、**「結局、誰が本当の顧客で、この商品・サービスにどんな価値を見出してくれているのか、どんなプロモーション方法なら費用対効果が合うのか」**を見極めていきます。

ハイハイ期も、誕生期と同じく止血のタイミングです。まだ事業の「筋」が見えておらず、たくさん試行錯誤を繰り返すことだけに集中する時期です。大きな投資・大きな固定費はかけてはいけません。そのため採用はせず、基本的に起業家一人で仮説・検証を行います。創業メンバーを募るのも時期尚早です。業務上、どうしても必要な場合はアルバイトを採用します。

なぜ一人でやるべきかというと、勝ちシナリオが見えていない段階でメンバーを増やしても、「ああでもない、こうでもない」と正解探しが始まるだけで、事業が前に進まないからです。２人以上いると必ず議論ばかりし始めます。２〜３人で寄ってたかって議論するより、一つでも多くの仮説・検証を実践しなければならないのがこの時期です。

僕の経験上、正解探しを始めた事業は絶対に前に動きません。ですから、どんなに孤独でも事業の筋が見えないうちは一人でやるのが一番の近道です。

成長期に入るまでは、絶対に社員を雇ってはいけない

・よちよち期（事業開始から7～12カ月目までの6カ月間）

事業の勝ちシナリオが見えてきたら、今度は適度な広告費用をかけながら、ボリュームを取りにいく段階に入ります。ハイハイ期が終わり、よちよち歩き出して事業を加速させ単月黒字を目指していく時期に入ります。

事業開始から半年くらいでこのモードに入れたら上出来です。ここから6カ月以内、つまり事業開始から12カ月以内に、2カ月連続での単月黒字を目指します。

この段階になると、事業の拡大に伴い、少しずつ増え続ける受注、顧客対応などオペレーションに課題が生じてきます。事業の筋は見えたので加速していきたいけれど、今度はオペレーションがごちゃごちゃで回らない。朝から晩まで、準備や問い合わせ対応に追われているような感じで遅々として事業が前に進みません。**オペレーション構築こそがこの時期の一番の課題**です。

そして、この段階ではじめて、副社長や創業メンバーの採用が必要となってきます。ただし、**一般社員はまだ採用してはいけません。**ここでいう、一般社員というのは、普通の仕事としてジョインしてくる人のことを指します。「仕事」として入ってくるので、自分の仕事をちゃんと見て、それをちゃんと評価してほしい。そういう社員を雇うとマネジメントの課題が生じてくるからです。この時期は、事業を軌道に乗せるだけでも精一杯なのに、もっと自分のことを見てほしい、というようなメンバーに付き合っている余裕はありません。

創業したての忙しい時期ですから、１日でも早く社員を雇いたくなる気持ちは理解できます。しかし、**うまくいかない事業はたいてい、事業が軌道に乗る前に組織課題を抱えたところ**です。組織に課題がある事業は絶対に前に進みません。ですから僕は、「よちよち期には創業メンバー以外は絶対に雇ってはいけない」と口酸っぱく伝えています。

創業メンバーというのは、その理想を一緒に実現したいとビジョンに深く共感した人で、あなたと同じ情熱で一緒に走ってくれる、マネジメントがなくても自走できるメンバーのことです。

採用には、とても注意してください。みんな口では共感の意を示すからです。本当に〝創業メンバー〟かどうか。入社してみたら〝一般社員〟だったとなると、マネジメント課題が出てきて一気にブレーキがかかります。

どれだけ業務が大変でも、採用は慌ててはいけません。まだ、〝創業メンバー〟には出会えていないけどどうしても人手が必要になった時は、むしろ時給いくらと割り切ってしっかりと仕事をしたいという人をアルバイト募集するほうが、この時期には適しています。

そうして2カ月連続で単月黒字を達成したら、いよいよ「成長期」に入ります。社員を採用し、組織をつくってソーシャルインパクトを加速させていきます。

ここからは、もう〝創業メンバー〟ばかり集めようとしてもいけません。あなた自身も社長としてしっかり社員たちと向き合い、マネジメントを学んでいきながら、いい組織をつくっていかなければいけません。

しっかり利益も出るようになると、いつかはそれまでの「累損」も解消し、銀行や親族から借りていたお金を返し終わります。ボーダレスグループの場合は、余剰利益をグループに拠出し、これからビジネスに挑戦しようとする後輩の社会起業家たちを応援する側にまわります。すなわち、恩を送る立場になって、世の中に新たな社会起業家とソーシャルビジネスを増やしていくための一翼を担っていくのです。

月に１度の経営会議では、ここをチェックする

ボーダレスグループには、黒字化前の会社の社長同士で集まる会議体「プレＭＭ」があります。黒字化すると「ＭＭ」（65ページ参照）に移行しますが、その前段階という位置づけで、お互いの事業に対してアイデアを出し合い、皆でレベルアップしていくための仕組みです。

ただ、経験の浅いプレＭＭメンバーだけでは解決できない経営課題も当然出てきますし、重要な課題を見過ごしてしまっていることもありますので、黒字化前の会社に関しては、月に一度、僕との経営会議をそれぞれの社長と行っています。

その際にチェックするのが、次の２つのシートです。

・月次経営会議シート①経営状態

１つ目は、経営の数字をチェックするためのシートです（258～259ページ参照）。

前にも触れたように、ボーダレスグループでは現在、キャッシュフロー経営を採用しています。起業家は、グループから提供される１５００万円の事業資金が底をつくまで事業を続

けることができます。

毎月の経営会議では、運転資金残高を確認しながら、毎月の売上・粗利益・営業利益などざっくりとしたPL（これとは別に、詳細のPL＝損益計算書、CF＝キャッシュフロー計算書がバックアップスタジオの経理チームから毎月全社展開されます）と各種KPI（Key Performance Indicator＝事業がうまくいくための重要な指標）、さらにソーシャルインパクトを一緒にチェックしていきます。

これらを1枚のシートにまとめたものが、月次経営会議シート①経営状態です。

・月次経営会議シート②経営課題

数字を確認したら、次は起業家が「経営課題」と感じていることについて、その原因と対策を話し合います。まず、前月の打ち手はどうだったかを振り返ります。次に、現時点での経営課題は何か、その課題が起きている原因は何なのか、原因に対する打ち手として今月はどんなことを試していくのか。最後に、今月の数値目標とスケジュールを「コミットメント」の形で明らかにします。

経営者にとって、経営課題を正しく捉えることは非常に重要です。よく「問いを立てる力が大事だ」と言いますが、そもそも課題設定を間違えると、すべての活動が水の泡になって

月次経営会議シート②経営課題

	●年●月●日	●年●月●日
1. 前月打ち手の結果		
2.経営課題		
3.原因		
4.打ち手・アイデア		
5.コミットメント（実行の数値目標・スケジュール）		

しまいます。

そして、**ここでも大事なのは、「原因と対策」で考えること**です。表面的な課題をモグラたたきするのではなく、課題が起きている原因に対して打ち手を考える。これはソーシャルコンセプトだけでなく、実際に事業を構築するうえでも大切にしている基本的な考え方です。

このようにまだ赤字の企業に対しては、月に一度、経営の数字と課題を振り返る機会を設けています。これをやっている一番の理由は、創業したての、地に足のつかない暗中模索の時期でも、起業家自身が月に一度はちゃんと立ち止まり、いま自分がすべきことは何かを冷静に考える機会をつくるためです。

違和感はスルーしない

事業を行うにあたって何かしら違和感を覚えた時は、そのままにせず、いったん立ち止まるようにしてください。僕は、違和感がある場合は、必ず立ち止まるようにしています。直感は正しいことが多いものです。

逆に、頭で考えると、あれこれ理屈をつけて何でもＯＫになってしまいます。勢いで押し切っていいことはありません。

違和感には、ピンチや落とし穴を回避するためのヒントが隠されています。

たとえば、相手との会話がちぐはぐで、「あれ？」と思った時。違和感が気になって相手に確認してみたら、お互いの誤解に気づくことがよくあります。「なんかおかしいなぁ」と違和感を持っていたのに、それをスルーしていたら、あとで必ずトラブルが起きます。

あるいは、「ここに何かありそうだな」と感じるのも違和感です。違和感が教える通りに一度じっくり調べて、思わぬ事実が分かることもあります。また、既成概念に対して、「これって本当？」と疑問に思った時の違和感も大切にすべきです。

僕がグループ会社化に踏み切ったのも、違和感がきっかけでした。1年間で1事業を立ち上げても、60歳までに30事業しか立ち上げられないのって、なんか違うよなと。

なんか違うなと違和感を持ったら、立ち止まる。これが物事を好転させるための秘訣です。

さて、次ページからは、ボーダレスグループの6つの会社を例に挙げながら、事業開始から黒字化に至るまでにどんな壁が待ち構えており、それらをいかに乗り越えていけばいいかを、より具体的に解説していきます。

実はこのうち3社は、本書執筆中の2020年後半から2021年はじめの時点では、まだ黒字化しておらず、試行錯誤の真っただ中にある会社です。そのため、読者のみなさんが読まれる頃には違った姿になっている可能性もありますが、立ち上げ期のリアルな姿をご紹介することで、今まさに社会問題の解決に挑もうとしているビジネスの息吹を感じていただけたらと思います。

【ケース①：先生の学校】　２０２０年２月プラン承認

「先生の学校」は、**先生の自己変容・変革を支えるコミュニティ事業**です。

この事業を立ち上げたのはスマイルバトン代表取締役の三原菜央です。教員経験を持つ三原は、硬直した教育現場に疑問を持ち、「先生と子どもの両方の人生を豊かにしたい」という想いがありました。

前職の会社員時代に「先生の学校」につながる活動を個人的に続けていましたが、それを本格的に事業化するためボーダレスグループに加わってきました。

今の教育現場は、熱意のある先生が理想の教育を目指して生き生きと働ける環境である、とは必ずしも言えません。特に公立学校では、新しい取り組みや挑戦が受け入れられない古い体質の職場も少なくなく、そこで違和感や悩みを抱え、理想の教育の追求をあきらめたり、結果として教員を辞めてしまったりする人も少なくないようです。彼女は、そんな現状を変えようと事業を起こしました。

彼女がこの課題の本質的な原因と捉えたのは、次のようなことです。

公立学校でもいろいろな取り組みがなされている事例があるのに、他校のベストプラクティスや問題解決の手段を知る機会、相談し合えるつながりがないために、やる気のある先生が孤立して精神的に不安定になってしまったり、学校を離れてしまったりする。

そこで彼女が考えたソリューションは、教師自身の視野を広げ、自己変容のきっかけとなるコンテンツやコミュニティを提供することでした。

ビジネスモデルとしては、小中高の公立学校で働く20〜40代の先生を一番届けたい相手として、月額450円で利用できる教育メディアコミュニティを立ち上げました。

月額450円の有料会員になると、年に3回雑誌が自宅に届くほか、ほぼ毎週開催しているイベント・講座に無料もしくは会員価格で参加することができ、過去のイベント動画を視聴することもできます。また、プロジェクトや部活動といった、校種や地域を超えた先生同士の横のつながりを持つ機会もつくっています。

既存の選択肢として、教員のコミュニティや教育雑誌を手掛けている企業や団体はすでに存在します。しかし、450円という低価格で今までにない良質な学びを届けることにこだわり、また教育に関心を持つ先生以外の人ともつながることができる。そして、公立や私立、小学校、中学校、高校と校種もあえて絞らず様々な先生との出会いにより新たな視点・刺激を得られる点は、今ある選択肢との大きな違いです。

「反応ないぞ期間」はあって当たり前。手当たり次第に探しまくる

「先生の学校」は、２０２０年7月、公式ウェブサイトを立ち上げて事業を開始しました。

ハイハイ期の事業は立ち上げ後、「反応ないぞ期間」がしばらく続くのが普通なのですが、「先生の学校」の初速は決して悪くありませんでした。もともと4年前から個人的に活動していたこともあり、一気に２００名ほど参加してくれたのです。

ただ、すでに知っている人たちからの申込みが落ち着くと、伸び悩み始めました。そこで三原は、プロモーション方法を手当たり次第に試していきました。

仮説・検証を繰り返して、見えてきたことがあります。いきなり有料会員になってもらうより、まずはメルマガに登録してもらい、その中から興味を深めた人が有料会員になるとい

う流れのほうがより自然で効果的だということです。

プロモーションステップを、メルマガ登録をはさむ二段構えにしたところ、サービス開始から2カ月ほどで、少しずつ反応が出始めました。現在はそれに合わせてウェブサイトの設計を修正し、イベント・メルマガの内容も試行錯誤を重ね、どんどん改善を加えているところです。

イベントを開催するたびに、有料会員数は着実に増えていっています。事業の勝ちシナリオは見えつつあり、黒字化するのも時間の問題です。

年3回お届けする雑誌『HOPE』は、彼女の先生たちに対する想いが詰まった力作で、非常に中身が濃く、とてもクオリティの高いものになっています。雑誌単体の販売も始まります。近い将来、全国の学校の職員室で『HOPE』が配られる日が来ると思います。

僕はいつも起業家たちに「**商品こそがすべて**」と言っています。**どれだけ凝ったプロモーションを行っても、中身が良くないと広がっていかない。とにかく、商品を磨き続けることが大切**です。

彼女がつくる商品、つまり、雑誌、メルマガ、学びのイベント、先生たちのコミュニティづくりはどんどんブラッシュアップされており、着実に口コミが起こり始めています。

月額450円の有料会員になると、年に３回自宅に届く雑誌『HOPE』。三原の先生たちに対する想いが詰まっている

すでに評判を聞きつけた学校や自治体などから、新しいサービスの要望なども続々と集まっており、「先生の学校」への期待度の高さが伺われます。

「商品こそがすべて」「正解探しをせず、愚直に検証する」を体現する、好事例です。

先生の学校

3. ビジネスモデル

3-5 価格/販売方法/プロモ

<価格>
月額 450 円

<販売方法>
WEBサイト、学校での購読

<主なプロモ>
メルマガ、イベント、SNS

3-2 顧客と課題

自律性が発揮しづらい教育現場に違和感を持つ20〜40代の公立校の先生

- 今の状況を打破したいが、どうしていいかわからない
- 他校のベストプラクティスを知る機会が少ない（つながりも希薄）

3-1 商品サービス

先生を対象とした
月額 450 円の
教育メディアコミュニティ

- Web 記事
- イベント、講座
- 雑誌『HOPE』
- プロジェクト、部活動

3-3 今ある選択肢との違い

- 低価格
- 質の高い記事を無料ですべて読むことができる
- 記事とイベントが連動
- 他校の先生とつながれる

3-4 顧客ベネフィット

- 低価格でいろんなコンテンツを楽しめるお得感
- 自校では出会えない志の似た仲間との出会いによる肯定感
- 用意された研修とは一味違う質の高い学び

ソーシャルインパクト

先生の会員数（人）
雑誌を定期購読している学校数（校）

先生の学校

1. ソーシャルコンセプト

1-1【現状】誰のどんな課題&**原因**

同調圧力が強く自律性が発揮しづらい教育現場に違和感を持つ先生が、**解決手段を知る機会や相談し合えるつながりが乏しく、現状を打破できず、**納得感を持って働けていない。その結果、理想の教育の追求をあきらめてしまったり、離職につながっている状態

1-2【理想】実現したい姿

先生一人ひとりの個性と可能性が解放・拡張され、自律性が発揮されることで、自己開発も進み、先生と子ども、両者の人生が豊かになる社会

1-3【HOW】原因への**対策**

先生の視野を広げ、自己変容・変革を支えるコンテンツや機会をコミュニティ型で提供することで、先生をエンパワーメントし、先生を起点に教育をアップデートする

2. 制約条件

・忙しい先生でも活用できるサービス

・つながりを感じられるコミュニティ

・多様な他者との学び合いを実現するために、先生以外の方も参加できるサービス

【ケース②：八百屋のタケシタ】 ２０１９年１月プラン承認

「八百屋のタケシタ」は**規格外野菜のフードロスゼロを目指し、地産地消の農産物流通をつくる試み**です。

見た目や形の悪い野菜が流通にのらず、廃棄されてしまう問題。この問題の根底には、効率重視の流通の仕組みがあります。輸送箱に効率よく入る形や大きさの野菜だけが出荷され、規格に合わない野菜が排除されているのです。

それに対するソリューションとして、規格外の野菜もしっかり流通にのる仕組みをつくるのが、八百屋のタケシタです。具体的には、野菜を農家から規格不選別ですべて買い取り、駅やスーパーの一角に「竹下屋コーナー」を設置して販売しています。「形はワルいが、味はイイ」というキャッチコピーを掲げて、見た目ではなく、おいしさで野菜を選ぶ人を増やす挑戦を始めました。

この会社はタベモノガタリという社名なのですが、ブランド名は「八百屋のタケシタ」です。この事業を立ち上げた起業家、竹下友里絵は食に対してとても熱い想いとビジョンを持った人間です。その想いがビジネスモデルにも表れていて、彼女ならではのユニークなものになっています。

たとえば、単にフードロスをなくすことが目的なら、規格外野菜を全国各地から集めてきて、加工品にするというソリューションも考えられます。

しかし、彼女が実現したいのは、フードロスをなくすことはもちろん、産直の新鮮野菜のおいしさを消費者に知ってもらうこと、そこから生まれる消費の変化です。つまり、農家と消費者をつなぐコミュニティ流通をつくりたいのです。それが、規格を必要としない世界、農家を支える温かい流通になると信じています。そのために、彼女自身が産地を訪問して、自分が目利きしたおいしい野菜だけを仕入れています。これが彼女のこだわりなのです。

そんな彼女の職人気質を感じ取り、スタートアップスタジオのマーケティングチームは、「八百屋のタケシタ」というブランド名を提案しました。竹下屋という看板を背負うのに相応しい人物だと感じたのでしょう。また、広告やプロモーションでは彼女を前面に押し出す戦略を採用し、「竹下屋」の赤い法被（はっぴ）を着た竹下が店主として登場しています。

駅での販売、催事販売、オフィス宅配、飲食店……いろいろと試した結果、スーパーのコーナー販売にいきつく

「八百屋のタケシタ」は、事業開始からもうすぐ2年が経過します。黒字達成はまだですが、ソーシャルコンセプトがしっかりしているので、勝ちシナリオさえ見極められれば必ずうまくいくと思っています。今は、ビジネスモデルのうち、特に販売方法をあれこれと探り続けている段階です。

彼女の強みは行動力です。「次はこの販売方法を試そうと思う」といろんなアイデアを僕にぶつけてきます。ただ、学生起業した彼女はビジネス経験が浅いこともあり、アイデアがイマイチなことも多々あります。僕も最初から失敗するのが分かっている時は、ひとまず「そのアイデアはこういう点は難しいだろうね」と伝えますが、彼女は何事もやってみなければ納得しないタイプです。

案の定、2週間後には、「やっぱりダメでした」と彼女が相談にやってきます。でも、そこであきらめず、「次はこんなことを考えているけど、どう思います?」と必ず次のアイデアを試そうとします。それが彼女のすごいところですね。

さて、彼女が最初に試した販売方法は、駅での販売でした。

仮説・検証を行う時に、僕が起業家にアドバイスしていることがあります。それは、小さく、小さく始めることです。たとえば駅で販売するなら、いきなり10駅同時にスタートしたりせず、まずは1つの駅で始めてみて、そこで黒字化を目指します。スケールを追いかけるのは、黒字化できるモデルができたあとでいい。まずは、最小単位で素早く試行錯誤を繰り返す。いきなり何店舗もやると、お店を回すのに忙しくなり、いろいろなテストができなくなります。**小さく始める。これが確実に成功させるための鉄則**です。

竹下が3駅で販売の検証を行った結果、よほど条件の良い駅でなければ黒字化が望めないことが分かりました。つまり、ある程度の乗降者数が見込めて、ある程度の広さの売り場を確保できないと、駅販売は難しいということです。

当初は、この駅販売を神戸市内全域に広げていく予定でしたが、限られた駅でしか黒字化が見込めないため、別の道を探すことにしました。

彼女は他にも、宅配やオフィスへのお届け、催事販売、飲食店への販売など、様々な販売方法を試してきました。黒字化が見込めないものはやめて次を試したり、改善を加えたりして、規格不選別の野菜の流通を模索し続けてきたのです。

そうしてたどり着いたのが、スーパーの一角に「八百屋のタケシタ」コーナーを設けての販売です。八百屋のタケシタの野菜は魅力的だがそのためだけに買いに行く時間はない。できればいつも行くスーパーで買えると嬉しいという顧客と、地元野菜に特化した地産地消コーナーを設けたいというスーパー、双方のニーズが合致しました。

今は数店舗でテストを繰り返している段階ですが、これだ！という筋が見え次第、一気に神戸中のスーパーに広げていく予定です。

このあとの販路拡大に伴って、次の課題となるのが安定供給に向けたオペレーション構築です。この事業の難しさは、取り扱うのは地元野菜のみということです。もし、台風などの自然災害で神戸市内の農産物に被害が出たら、売る野菜がなくなってしまうのは当然、そうでなくても神戸ではその時期に収穫を迎える野菜が少ない、という端境期（はざかいき）があります。「旬」の地元野菜を売る、という難しさをこれからどう乗り超えていくのか、彼女の試行錯誤は続きます。

彼女には食に対していろんな想いやこだわりがある分、事業戦略が絞り切れていない感じはあります。こうやればすぐに黒字化できる、という道も分かっているし、彼女にも何度かそのことは伝えていますが、無理強いはしません。

「八百屋のタケシタ」は、野菜を農家から不選別ですべて買い取り、スーパーの一角に竹下屋コーナーを設置して販売。規格外野菜のフードロスゼロ実現を目指している

なぜなら、その強いこだわりこそが、起業家の個性だからです。その**起業家の個性、こだわりの思想が、最後には今までにない新しい世界をつくっていく**のです。つくりたい世界観の違いこそが、事業戦略、事業展開の違いに表れてきます。

失敗の中で学び続ける、竹下友里絵という社会起業家が将来どんな事業をつくっていくのか、ぜひみなさんも楽しみにしていてください。

八百屋のタケシタ

3. ビジネスモデル

3-5 価格/販売方法/プロモ

<価格>
スーパー野菜の 1.1 ～ 1.2 倍以内
<販売方法>
地域のスーパー内にコーナー出店
駅ナカ販売
<主なプロモ>
メディア露出・口コミ

3-2 顧客と課題

ちょっと高くてもおいしい地元野菜が食べたいと思っている健康志向の高齢者、子どもの健康を気遣う親

- 近くで買える所がない
- 品質の当たりはずれ

3-1 商品サービス

「味」にこだわった地元の旬野菜

見た目ではなく味にとことんこだわり、全品産地訪問して目利きをした鮮度抜群の地元の「旬」野菜

3-3 今ある選択肢との違い

- 産地での目利きをしているため全商品味が良い
- フードロス削減 / 地元農家応援につながっているという心理的満足感

3-4 顧客ベネフィット

- 地元の旬を手に取れる楽しさ
- 新鮮でおいしい野菜選びに失敗することがない安心感

ソーシャルインパクト

不選別野菜の買取量（kg）

八百屋のタケシタ

1. ソーシャルコンセプト

1-1【現状】誰のどんな課題&**原因**

農産物流通業者が**物流の効率性や店頭での見た目を重視した「規格取引」を行っている**ため、規格外野菜が流通にのらず大量のフードロスが畑で発生している

1-3【HOW】原因への**対策**

サイズや見た目に規格を設けない「規格不選別取引」を行い、農家が生産したものは全量買取する

1-2【理想】実現したい姿

農家が生産したものがロスなくすべて販売でき、地域内における人的つながりが豊かな支え合いの農産物流通

2. 制約条件

- 流通サイドではなく、生産者にとって妥当な値段で仕入れる
- 見た目が悪くても、消費者が買いたいと思う顔の見える関係づくり
- 地域内の不安定な供給に対応できる販売方法

【ケース③：RICE】2020年7月リバイバルプラン承認

RICEを立ち上げたのは、Tomoshi Bito代表取締役の廣瀬智之（ひろせ）です。廣瀬は過去に2度、ビジネスモデルの大幅な方針転換を行っており、今回で3度目のチャレンジです。

ビジネスモデル自体は変わっていますが、廣瀬が抱いている課題感は、最初から一貫しています。

それは、「社会問題に主体的な行動をとる人が少ない」という日本の現状です。署名への参加、エシカル商品の選択、寄付など様々な指標において、日本は他国より低いのが現状です。国政選挙の投票率を見ても、北欧では80％を超える国もあるのに、日本では50％前後しかありません。

そんな現状を変えて、**当事者意識を持って社会参加する人たちを増やしたい。**これが廣瀬の描く未来像です。

一つの社会問題に対して、様々な原因からアプローチすることもある

「ビジネスモデルがうまくいかない時、制約条件に戻って別のビジネスモデルを導き出せるように、ソーシャルコンセプトはしっかりと固めておく」と、第3章ではお伝えしました。しかし、場合によっては、ビジネスモデルの修正がソーシャルコンセプトに及ぶこともあります。

実際にやってみた結果、効果が限定的だった場合には、もう一度、ソーシャルコンセプトまで立ち戻って本質的な原因を捉え直し、別の原因からアプローチすることもあります。実はその良い事例がＲＩＣＥなのです。

廣瀬はビジネスモデルをリモデルするたびに、ソーシャルコンセプトにまで踏み込み、課題の裏にある本質的な原因を捉え直してきました。ここでは彼がどのようにソーシャルコンセプトとビジネスモデルを修正してきたのか、その経緯をたどってみたいと思います。

1度目の挑戦は、２０１９年2月から始まりました。このとき廣瀬は、社会問題の「現

状」を次のように捉えていました。

社会問題に「無関心」な人が多いのは、意見を持っていないからである。意見がないから投票にも行かないし、署名などの社会的アクションをとることもない。だったら、みんなが社会に対して自分の意見を持つようになればいいのではないか。これが彼の考えるソリューションでした。

その手段として、廣瀬は2019年3月、社会に関するニュースアプリ「どっち？」をリリースしました。このアプリは、話題のニュース記事に対して、賛成か反対か自分の意見を投票できるだけでなく、賛成派と反対派はどれくらいの割合なのか、そして賛成・反対それぞれの理由もコメントで見ることができるというものです。

いきなり自分の意見を持てない人も、賛成や反対、それぞれの理由を知ることで、自分の意見を持てるようになっていくのではないか、というとてもユニークなコンセプトだったと思います。筋も通っていました。

しかし、そこに集まってきたのは、もともと社会への関心の高い人たちばかりでした。いろいろなプロモーションを試しましたが、何をやっても本来のターゲットである無関心層は、このメディアに興味を持たなかったのです。

このとき「みんなが意見を持つようになる」というソリューションはそのままにして、ビジネスモデル側だけを修正する方法もあったと思います。しかし、無関心な人を振り向かせるために、様々な試行錯誤をやりきったからこそ、彼は「無関心な人に意見を持たせる」ことに違和感を持ちました。それはロジックでは筋が通っているが、なんか自然じゃない、無理やりな感じがする、と。そこで廣瀬は、課題の本質的な原因から考え直して、ソーシャルコンセプト自体を見直すことにしました。

廣瀬が次に着目したのが、義務教育でした。社会に能動的に関わる人が少ないのは、子ども時代、社会に関心を持つ機会が少ないことが原因だと捉え直したのです。そこで、学校と連携して、「自分が動けば社会を変えられるかもしれない」と実感できる体験を子どもたちに提供したいと考えました。

コロナ禍での難しさはありましたが、２０２０年度には5校でプログラムが導入されました。ただ学校教育内の展開は、年間単位で授業計画が組まれることから、広げていくのにかなりの時間を要するという課題が見えてきました。その課題に対して、廣瀬がとった決断が、教育プログラムは継続しながら、３つ目の挑戦をするということでした。

現在、廣瀬が考える社会問題の「現状」は次の通りです。

今の日本では政治や社会に対しての発言が避けられる傾向がある。みんなが日頃から使っているSNSで社会的発信をする人が増えれば、もっと社会情報に触れる機会が増える――。廣瀬は社会的な発言が普通である日常をつくろうとしています。

その第一弾として、2020年8月、YouTubeやFacebook、インスタグラム、Twitterといったメディアで社会的発言をする社会派インフルエンサーのプラットフォーム「RICE」を立ち上げました。「発信することで社会を変えよう」という意思のある人は誰でも登録できます。社会派インフルエンサーの発信コミュニティをつくることで、SNS上での社会的発信が当たり前になり、社会的に重要な情報がみんなにちゃんと伝わっていく世界をつくろうとしています。ぜひ、みなさんもRICEに登録してみてください。

ゆくゆくは、社会派クリエイター・インフルエンサーの育成からマネジメントまでを行う事業も構想しています。これは言ってみれば、吉本興業のソーシャル版です。芸人と同じように、たくさんの社会派クリエイター・インフルエンサーが溢れる世界を目指しています。

さらに、コロナ禍で中断を余儀なくされた学校教育プログラムも継続して行っており、学校教育プログラムと社会派インフルエンサーの育成の二本柱で、社会的な発信をする人を増やしていこうとしています。

ビジネスモデルの試行錯誤をこれだけ続けられるのは、「何のためにこの事業をやるのか」

社会派インフルエンサーのコミュニティ「RICE」。発信のチカラで社会を変えようとする人は誰でも登録可能

RICE

「どんな未来を創りたいのか」がしっかりあるからです。廣瀬の場合はソーシャルコンセプトにも修正を加えながら進んでいますが、「何のためにやるか」が揺るぎないものだからこそ初志貫徹ができるのだと思います。

実現したい理想像が明確なら、どんなにつらい局面でもあきらめずに進むことができる。これはボーダレスグループの社会起業家を見ていて強く感じることです。

3. ビジネスモデル

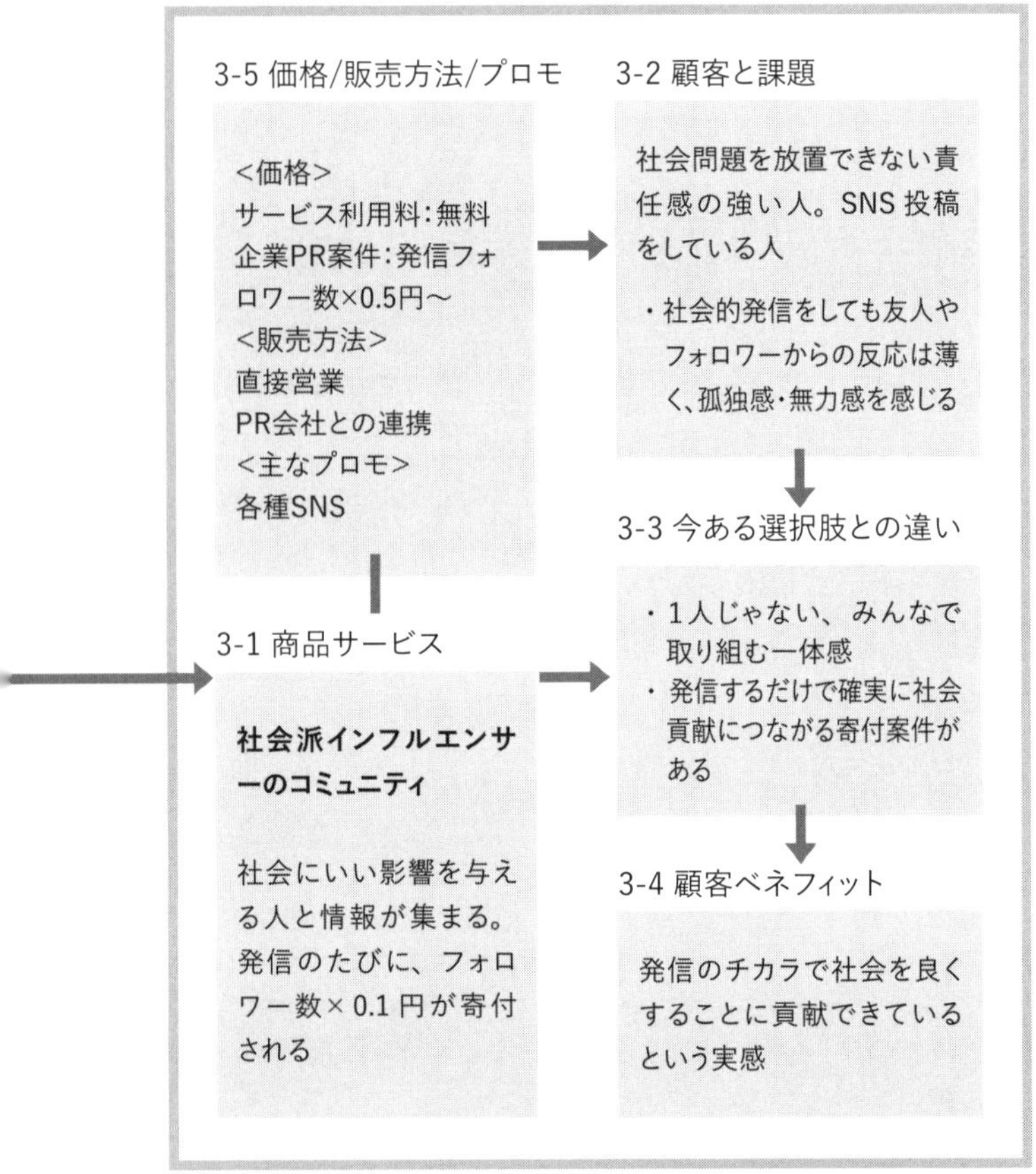

3-5 価格/販売方法/プロモ

<価格>
サービス利用料:無料
企業PR案件:発信フォロワー数×0.5円～
<販売方法>
直接営業
PR会社との連携
<主なプロモ>
各種SNS

3-2 顧客と課題

社会問題を放置できない責任感の強い人。SNS投稿をしている人

・社会的発信をしても友人やフォロワーからの反応は薄く、孤独感・無力感を感じる

3-3 今ある選択肢との違い

・1人じゃない、みんなで取り組む一体感
・発信するだけで確実に社会貢献につながる寄付案件がある

3-1 商品サービス

社会派インフルエンサーのコミュニティ

社会にいい影響を与える人と情報が集まる。発信のたびに、フォロワー数×0.1円が寄付される

3-4 顧客ベネフィット

発信のチカラで社会を良くすることに貢献できているという実感

ソーシャルインパクト

発信者になった登録者数(人)
発信のリーチ数(人)

RICE

1. ソーシャルコンセプト

1-1【現状】誰のどんな課題&**原因**

日本では社会や政治に関する話題が避けられる風潮があることから、**日常の中で社会に関する重要な情報に触れる機会が少ない**ため、当事者意識を持って政治や社会に参加する若者が少ない

1-2【理想】実現したい姿

個人による社会的発信や意見交換が日常の中で行われ、多くの若者たちが当事者意識を持って社会参加している社会

1-3【HOW】原因への**対策**

SNSを通じた社会的発信コミュニティをつくることで発信する人を増やし、SNSを通して日常的に社会情報に触れる状態をつくる

2. 制約条件

- 社会的発信による孤独感・無力感を感じないつながりと仲間意識
- 発信が社会の役に立っている実感
- 課題ばかりでなく、社会を良くする建設的な情報も積極的に発信
- 誰でも参加できる

【ケース④：ZERO PC】2017年12月プラン承認、2019年7月黒字化達成

次は、ビジネスモデルを模索し続けて、ついに黒字化を達成した事例を紹介します。

「ピープルポート」は、**日本で暮らす難民に雇用を生むためのパソコン再生事業**です。

ピープルポート代表取締役の青山明弘は、学生時代からカンボジア内戦を伝えるドキュメンタリー映画を撮るなど平和活動に関心を持ち、ソーシャルビジネスで戦争被害者を救いたいとの想いから、ボーダレス・ジャパンに新卒入社しました。

日本で難民として暮らす人の多くは、日本語の問題などから正社員としての働き口が少なく、収入が安定しないうえに、社会的にも孤立しています。彼らに日本人と同じ水準の給料と社会保険のある職場を提供し、かつ日本人の難民に対する理解を深めることで、日本における多文化共生社会を実現したい。これが青山の描く未来像です。

難民状態の人たちが不安定な状態に置かれている根底には、日本語が話せないことと、不

安定な難民のステータスがあります。日本では、難民申請から認定まで４〜６年かかると言われています。しかも、認定される割合は０・４％とごくわずかです。認定されなければ母国に強制送還されるため、彼らを正規雇用しようとする企業はほとんどありません。これがこの課題の難しいところです。

そこで青山は、難民として暮らす人たちを直接雇用することで、この課題を解決しようとしました。そのための制約条件が、次の３つです。

①日本語が話せなくても遂行できる業務
②母国へ帰国したあとも活かせるスキルを習得できること
③地域社会との接点がある仕事

①は、日本語が話せない難民の仕事として必須の条件です。

では、日本語を使わずにできる仕事なら何でもいいかというと、そうではないというのが彼の考えです。難民の中には「母国が平和になったら帰りたい」という人もいます。本当に彼らのためを考えるなら、帰国後も活かせるスキルが習得できる仕事にしよう。これが②の制約条件です。

パソコンの再生作業をしているところ

③は、地域との接点をつくることで難民に対する日本人の理解を深め、難民受け入れに対しポジティブな社会をつくろうという観点から導き出されたものです。

これらの制約条件に当てはまる事業として選んだのがパソコン再生事業でした。企業や家庭から回収した中古パソコンを、部品を入れ替えて新品同様に再生し販売します。環境に配慮した製品を使いたいエシカルな企業や個人が顧客です。

他にも自転車のリサイクルなどの様々な事業アイデアを検討しましたが、最後にたどり着いたのが再生パソコンでした。中古パソコンを再生するスキルは、今、アフリカの国々でも重宝されています。難民たちが将来母国に帰った時にも、自分たちで生計を立てられることが最終的な判断基準でした。

まったくの未経験からパソコン再生事業を立ち上げ

パソコン再生事業に決めたところまではよかったのですが、実はこれには裏話があります。青山は、パソコン修理に関してはまったくの素人でした。

僕たちは青山を応援しようと、ボーダレスグループで使うパソコンをすべてピープルポートから購入したのですが、彼から送られてくるパソコンはすぐダウンしてしまうのです（笑）。

それでも青山は、パソコンが返品されるたびに、パソコンに詳しい人に聞きながら不具合の原因を一つひとつ調べていきました。そうやって着実にパソコンの再生技術を磨いていった成果が実り、今ではパソコン再生のプロになっています。ピープルポートの再生パソコンは、今や２７３の企業や団体に１１５３台をご利用いただくまでになりました（２０２０年12月現在）。

③の制約条件（地域との接点があること）はピープルポートのオフィスづくりにもそのこ

だわりが反映されています。

通常、パソコン再生は大きな工場や倉庫のようなところで行われることが多いのですが、ピープルポートはあえて人通りの多い街中の1階にオフィスを構え、そこで作業を行っています。ガラス張りでとてもきれいなオフィスです。地域の人に気軽にパソコンを持ち込んでもらい、みんなと交流してもらうためです。そうやって地域の人との接点を創出し、難民のイメージをポジティブなものに変えていこうとしているのです。

難民の退職をきっかけにビジネスモデルを変える

ピープルポートのリーズナブルな再生パソコンは、ショッピングモールなどでの催事販売を中心に、順調に販売数を伸ばし、2019年7月に黒字化を達成しました。

ところがある時、それまで一緒に働いていたアフリカ出身の社員が帰国することになったのです。彼は難民申請中ではありましたが、強制帰国となったわけではありません。そんな彼が帰りたいというのです。彼の身内に不幸があったのもきっかけではありましたが、彼は日本での生活が不安でしかない、というのです。

環境に優しく、難民の雇用をつくるエシカルパソコン

それを聞いた青山は深く反省しました。事業を何とか黒字にしようと、ついつい販売に忙しくなり、日本人スタッフが外で販売活動をし、彼ら難民スタッフたちがオフィスでパソコン修理をする日々が続いていました。それが、みんなを孤独にさせてしまっていたのです。

それではこの事業を始めた意味がないと思った青山は、あらためて「みんなで一緒に働くこと」を最優先にしました。みんながオフィスで一緒に働けるように、それまでの催事販売からネット販売にビジネスモデルをシフトしました。ネット販売であれば、みんなが同

ZERO PC

3. ビジネスモデル

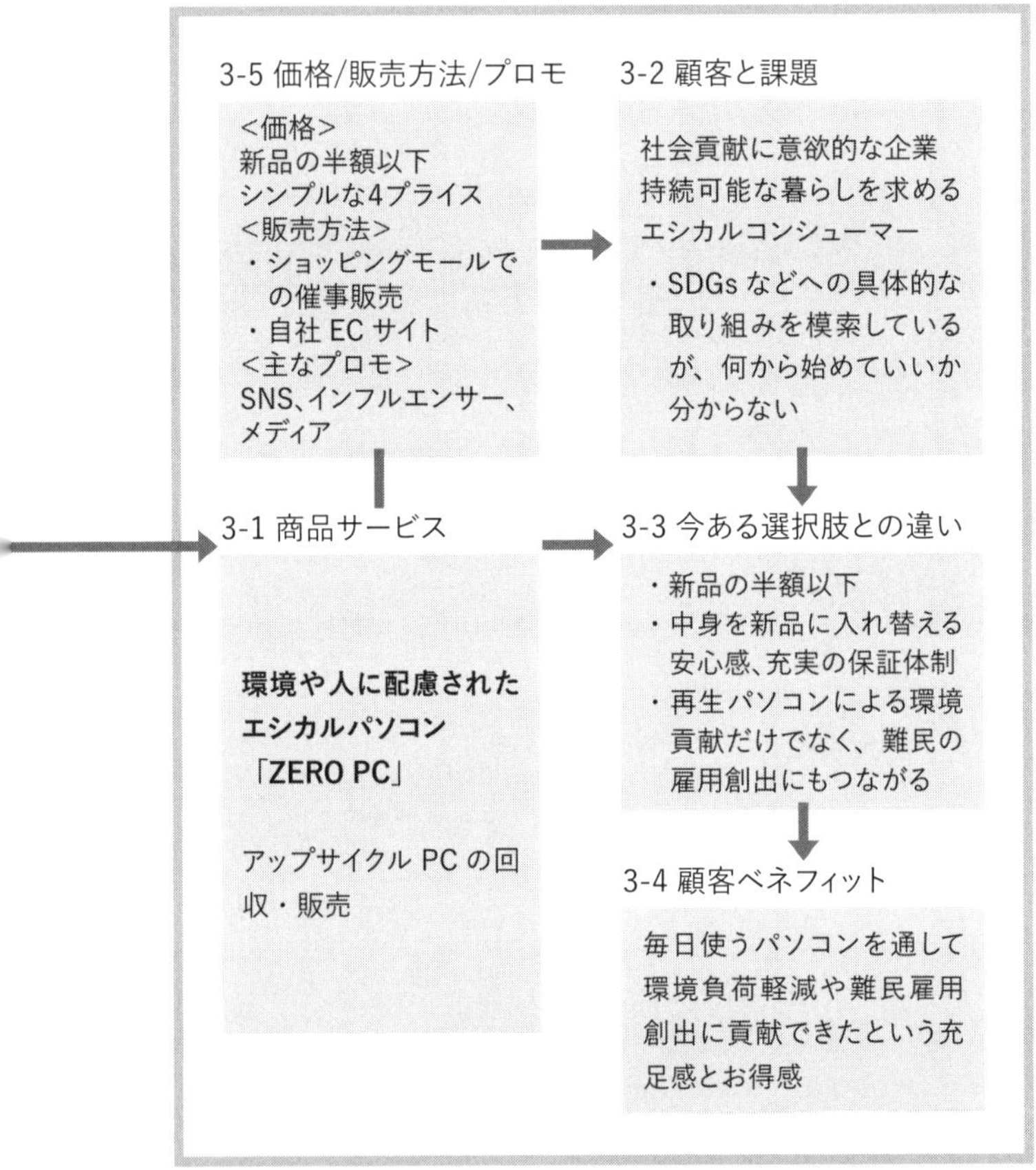

3-5 価格/販売方法/プロモ

＜価格＞
新品の半額以下
シンプルな4プライス
＜販売方法＞
・ショッピングモールでの催事販売
・自社 EC サイト
＜主なプロモ＞
SNS、インフルエンサー、メディア

3-2 顧客と課題

社会貢献に意欲的な企業
持続可能な暮らしを求めるエシカルコンシューマー

・SDGs などへの具体的な取り組みを模索しているが、何から始めていいか分からない

3-1 商品サービス

環境や人に配慮されたエシカルパソコン「ZERO PC」

アップサイクル PC の回収・販売

3-3 今ある選択肢との違い

・新品の半額以下
・中身を新品に入れ替える安心感、充実の保証体制
・再生パソコンによる環境貢献だけでなく、難民の雇用創出にもつながる

3-4 顧客ベネフィット

毎日使うパソコンを通して環境負荷軽減や難民雇用創出に貢献できたという充足感とお得感

ソーシャルインパクト

正社員雇用した難民の数（人）
再生したパソコンの台数（台）

ZERO PC

1. ソーシャルコンセプト

1-1【現状】誰のどんな課題&**原因**

日本で暮らす難民の**日本語が話せない、正規雇用として働けない**ことによる「貧しさ」と、地域社会に馴染めない「孤独感」、そしてそんな難民に対する日本社会の無関心さ

1-2【理想】実現したい姿

日本人と同水準の給料と社会保障があり、家族のような仲間と一緒に働ける、難民にとっての「居場所」のような職場。

難民との交流を通して日本人の難民に対する理解を深めることで、「多文化共生社会」を実現する

1-3【HOW】原因への**対策**

地域の人とつながる仕事で**難民を雇用する会社をつくり、日本語教育から取り組む**ことで、日本社会で安心して暮らせるようにする

2. 制約条件

- 日本語が話せなくても業務遂行できること
- 母国に帰国後も活かせるスキルを習得できること
- 地域社会と接点がある仕事（交流を通して日本における難民受け入れの素地が生まれる）

じオフィスで働くことができるからです。

そこで誕生したのが、オリジナルブランド「ZERO PC（ゼロピーシー）」です。今はまだECだけでは赤字なので、催事販売もしていますが、いつもみんなが同じ空間で働けるように、ECだけでの黒字経営に向けて挑戦を続けています。

ぜひ読者のみなさんも、会社や自宅のパソコンにZERO PCを検討してもらえると嬉しいです。再生パソコンの販売台数が増えれば、その分雇用できる難民も増えます。そして、新たなパソコンをつくるためにかかる環境負荷を減らすこともできる。

より良い社会をつくりたいと願う消費者に対し、エシカルな選択肢をつくっていくのもソーシャルビジネスの大切な役割です。「消費は投票だ」と言われるように、消費選択を通して、みんなが社会づくりに参加することができます。

【ケース⑤：Enter the E】２０１９年７月プラン承認、２０２０年６月黒字化達成

「Enter the E（エンター・ジ・イー）」は、**人や環境に配慮したエシカルファッションに特化したセレクトショップ**です。

みなさんが毎日着ている服。実はこの服が地球に大きな環境負荷をかけ、児童労働などの社会問題とも大きく関わっているのです。たとえば、綿畑に大量にまかれる散布剤は甚大な環境汚染を引き起こし、農家たちにも健康被害が生じています。

ただ、こうした服づくりの裏側を知って、「そこには加担したくない」とエシカルな服を買おうと思っても、国内ではオーガニックコットンを使ったシャツなど選択肢が限られているのが実情でした。

そこで、素材やデザイン、価格帯のバリエーション豊富なエシカルファッションを取り揃えたセレクトショップを展開し、より多くの人がエシカルな服を当たり前に楽しめる環境をつくろうとしたのがEnter the Eです。

この事業を立ち上げた植月友美は、アメリカの大学でファッションを学び、帰国後は長年大手小売企業で商品開発やバイヤーとして活躍したアパレルのプロです。彼女が世界中のエ

シカルブランドを訪ね歩き、創業者に服づくりへの想いを直接インタビューし、彼女自身が共感したブランドだけを厳選して販売しています。

植月がこの事業を始めたのは、自分の大好きな服が社会問題を起こしている現状を変えたいと思ったからです。どれくらい服が好きかというと、本人曰く、「気づいたら500万円の借金をしていた」という過去があるくらい（笑）。あるとき、服づくりの裏側で綿農家が苦しむ実態を知り、「自分の大好きな服が誰かを苦しめていたなんて……」とショックを受けました。

そこで、彼女が最初に考えたのは、服を着る人自身が畑で綿から育てて服を作る体験型プログラムでした。会社勤めの傍ら事業化を目指したものの、うまくいきませんでした。あるイベントで僕の講演を聞いたことをきっかけに、ボーダレス・ジャパンが運営するソーシャルビジネススクール「ボーダレスアカデミー」に1期生として参加。その後、会社を辞めてボーダレスグループに加わり、ビジネスプランを再構築して起業しました。

黒字化は果たしたが、「衣類ロス」という新たな大問題に気づき業態転換

Enter the Eの事業自体は、すでに２０２０年6月から黒字続きです。通常は黒字化すれば独り立ちして、起業家同士で助け合う「ＭＭ」に移行します。しかし、Enter the Eはそうなっていません。黒字化後も「プレＭＭ」に残り、僕との経営会議を継続している唯一の事業です。その理由は、売上・利益は上がっているものの、彼女の目指す真の社会問題の解決にはもう一歩届いていないからです。

「社会問題の解決につながらなければ、いくら売上や利益が上がっても意味がない」ことは第3章でもお伝えした通りです。Enter the Eの場合、事業を進めていくうちに、当初のやり方では売上はあげられるものの、アパレルにおいて本当に解決すべき課題を解決できていないことが明らかになったのです。

それは、「衣類ロス」の問題です。どういうことか、ご説明します。

事業を立ち上げて植月がまず始めたのは、エシカルファッションの催事販売でした。賛同してくれる商業施設のスペースを借りて、期間限定の店舗出店を繰り返しました。「八百屋

のタケシタ」のケース同様、「いきなり大きく始めるのではなく、まずは小さく始める」。ここでも、鉄則は同じです。

売上は順調に伸び、顧客もついてきました。しかし、同時に在庫も増えていったのです。小規模の催事販売とはいえ、店舗販売を行うからにはある程度の在庫が必要です。どんな敏腕バイヤーでも在庫を100％消化することはできません。

そこで植月は、ハタと立ち止まりました。販売しているのはたしかにエシカルな服ですが、仕入れた服に売れ残りが出ていたのでは本末転倒です。売れない服はいずれ廃棄されることになるからです。いくら環境負荷の少ない素材でつくったところで、捨ててしまっては何の意味もありません。これが本当にサステナブルな服の売り方なのだろうか、と。

日本で流通しているアパレルのうち、実に半分（年間15億着！）が売れ残り廃棄されているという、アパレルの衣類ロス問題は深刻な課題です。これを解決しない限り、エシカルファッションを販売しても表面的な解決にしかならないのではないか――。このことに彼女は気づいたのです。

衣類ロスの問題に取り組むため、植月は販売方法をガラリと変えることにしました。週に1回オンライン受注会を開催し、ＺｏｏｍやYouTube配信などでエシカルな商品を数点ずつ紹介

「Enter the E」のオンライン受注会の様子。衣類ロス問題を解決するべく、顧客から注文のあった商品のみメーカーに発注するという販売スタイルに転換

し、顧客から注文のあった商品のみメーカーに発注するという販売スタイルに変えました。つまり、「在庫販売」から「受注販売」に変えることで、衣類ロスをゼロにしようという挑戦です。

この取り組みの一番チャレンジングなところは、消費者の意識変容です。というのも、オンライン受注会から実際に消費者のもとに服が届くまでに、数週間から1カ月以上かかるからです。ファストファッションに慣れ親しんだ私たちには、かなりスローです。

Enter the E

3. ビジネスモデル

3-5 価格/販売方法/プロモ

<価格>
3,000円〜30,000円
<販売方法>
・ECサイト
・ライブコマース販売
・リアル店舗での催事
<主なプロモ>
インスタグラム、YouTube

3-2 顧客と課題

サステナブルな生活を望むエシカルコンシューマー

・自分の好きなデザインテイストの服がない
・価格が高くて買えない

3-1 商品サービス

エシカルファッション専門のセレクトショップ

在庫を持たず、注文を受けてから商品を発注することで衣類ロスを生まないスローファッション

3-3 今ある選択肢との違い

・デザインと価格のバリエーション
・素材など1点ごとにエシカルポイントの明示
・オンラインでのファッションショーで詳しい説明を聞いて納得して買える

3-4 顧客ベネフィット

環境や社会にとって「いい選択」が無理なくでき、自分が好きな服を着ながら持続可能な社会づくりに参画できている満足感

ソーシャルインパクト

リピート購入者数（人）
受注販売点数（点）

Enter the E

1. ソーシャルコンセプト

1-1【現状】誰のどんな課題&**原因**

身近な消費財からサステナブルな生活の実践を望んでいる人も、国内に流通する**エシカルファッションはデザインのバリエーションが少なく、値段も高い**ため、購入をあきらめて環境負荷の高い服を購入し続けている

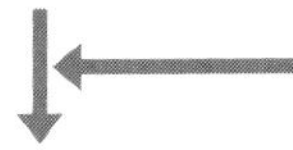

1-2【理想】実現したい姿

人や環境に配慮したファッションが特別なことではなく、誰もが自然に選択できる当たり前の社会

1-3【HOW】原因への**対策**

様々な素材・デザイン・価格帯のエシカルファッションブランドを世界中から取り揃えたセレクトショップで、バリエーション豊かな選択肢を提供する

2. 制約条件

- ファッション初心者にも手に取れるデザインと価格のラインナップ
- 持続可能な材料の使用、作り手に配慮した生産を行う服だけを取り扱う
- 日本全国どこに住んでいても安心・納得して買える
- 衣類ロスを生まない販売方法

でも、この「**スローファッション」こそが、衣類ロスを減らすカギ**だと植月は考えているのです。消費者自身も服を衝動買いするのではなく、オンライン受注会でじっくり吟味して、1カ月待ってでも本当に欲しい一着を購入する。そんなスローファッションを広げていくことが、本当の意味での課題解決につながると信じて、彼女は頑張っています。

植月を動かしているのは、大好きな服への情熱です。服が好きだからこそ、服が引き起こす社会問題を解決したいと起業しました。自分が熟知する業界で課題解決に挑むことは、事業を展開するうえで大きなアドバンテージになっています。

読者のみなさんの中にも、**自分が働く業界で「これはおかしいな、課題だな」と感じている人は多いのではないでしょうか。そうしたビジネスの課題を解決できるのも、またビジネスです。**

ビジネスのやり方をリデザインする、それがソーシャルビジネスです。ぜひみなさんの業界でもソーシャルビジネスへの転換に挑戦してみてください。

【ケース⑥：腸活ミニ野菜】２０１７年11月プラン承認、２０２０年10月黒字化達成

最後に紹介するのは「みらい畑」です。

今、日本では、農業従事者の高齢化が進み、跡継ぎがいないことから耕作放棄される農地が増加する一方です。そして、せっかく農業を志した新規就農者たちも「農業だけでは食べていけない」と厳しい現実に離農していくケースが後を絶ちません。

みらい畑代表取締役の石川美里は、そのソリューションとして、**耕作放棄地を集めて農業生産をする法人を立ち上げ、耕作放棄される農地をなくそうと挑戦しています。**

みらい畑は、２０２０年4月に放映された『カンブリア宮殿』で紹介されていた事業の一つです。番組をご覧になった方は記憶にあるかもしれませんが、みらい畑はあの時点で立ち上げからすでに約2年半が経過しており、いまだ黒字化には至らず、事業としてはかなり厳しい状況にありました。

実はあの後すぐ、1トライ目の運転資金1０００万円が尽きてしまったのです。

すでに述べた通り、運転資金が尽きても、リバイバルプランが社長会で承認されれば再挑戦が可能です。1トライ目の失敗から学んだ教訓をもとに、ビジネスプランを大きく書き換

えました。

リバイバルプランが社長会で承認され、みらい畑は2020年6月から2トライ目に入りました。すると、その4カ月後には単月黒字化を達成したのです。

資金が底をつくほど低迷した状態から、どのようにして軌道修正を図ったのか。それをこれからお話ししましょう。

弱みを強みに変える逆転の発想で生み出した「腸活ミニ野菜」がヒット

1トライ目を始めたとき、実はそこまで苦労するとは石川も僕も思っていませんでした。石川は農業未経験者ですから、多少の苦労はあるにしても、今よりも気軽に考えていた理由の一つは耕作放棄地の安さです。1反（31・5m×31・5m）の農地を借りるのにかかる費用は、年間1万円くらいです。土地代が安いので、有機農業で作った野菜を市場で売っても採算が取れそうだ、耕作放棄地をたくさん集めて土耕栽培をしよう、と考えていました。

ところが実際にふたを開けてみると、農業は想像以上に難しいものでした。

通常、作った野菜のうち出荷できるのは7割程度だそうです。残りの3割は、形が悪かったり未熟だったりして出荷できません。一方、みらい畑の場合、出荷できるものがわずか3割しかありませんでした。無農薬で育てることにこだわったため虫に食われるとか、雨が降らなかったとか、いつも何かしらの問題が起きていたのです。しかも、種まきから収穫までが最短でも半年はかかるため、栽培技術を習得するのにも時間がかかりました。

2年くらい経って、ようやく出荷率を5割程度に上げることができたと思ったら、今度は買取価格の低さに悩まされました。事前に仲卸業者と取引価格を取り決めていたものの、相場が崩れて、当初価格の半値でしか売れなかったこともあります。

そうこうしているうちに資金が底をついてしまいました。当時、さすがに先が見えない不安に自信を失いかけた石川は、「有機農業は難しいから、農薬を使おうと思う」と僕に相談してきました。でも僕は、「みさとは環境負荷をかけない農業にこだわってたよね。有機でやることに意味があるんだから、もう少し続けてみてはどうか」とアドバイスしました。

うまくいかないことをダラダラ続けるより、中止する決断も必要です。もし、立ち上げからの2年半で何の進展もなければ、僕も「やめよう」と伝えていたと思います。

たしかに失敗だらけでしたが、積み重ねてきたトライ&エラーで分かってきたこともありました。たとえば、栽培期間が伸びるほど台風被害や虫食いなどのリスクが高まることや、有機野菜だからといってそれほど高く売れるわけではないことも分かりました。

このように、歩みはゆっくりですが、失敗から大切な事実が少しずつ見えてきました。ですから、このまま改善を続けていけば、いつか必ず成功する。そんな確信があったのです。

1トライ目の失敗をもとに、リバイバルプランではビジネスの方向性を大転換しました。まず、長期間栽培はリスクが高まるという課題をクリアするために、栽培期間を思いっきり短縮、つまり、ミニ野菜の生産に切り替えたのです。

ただ当然ながら、ミニ野菜にするだけで売れるようになるわけではありません。ミニ野菜が強みになる方法を模索しました。

いろいろ調べてたどり着いたのが、「ミニ野菜のぬか漬け」です。野菜は皮にたくさん栄養があるので、皮ごと食べられる野菜はぬか漬けにぴったりです。また、ミニ野菜には栄養も濃縮されていることが分かりました。まさに弱みを強みに変える逆転の発想です。

さらに、ぬか漬けの特徴である「腸活」をキーワードに掲げ、「腸活ミニ野菜」として定期宅配を始めたところ、健康に関心のある人たちが関心を持って、口コミでどんどん広がっていきました。NHKで取り上げられると注文が殺到し、一時期は生産が追い付かないほどでした。

今は増え続ける注文に対応して生産量を上げるため、農地（当然、耕作放棄地です）を新

弱みを強みに変える逆転の発想から生まれた「腸活ミニ野菜」。テレビで紹介され注文が殺到。健康な暮らしを送りたい女性たちに人気

たに増やしていっているところです。

成功の要因は何かと聞かれれば、途中であきらめなかったことだ、と即答します。

実は一度、彼女は僕がいる福岡に来て「これ以上ボーダレスに迷惑かけたくないからもうやめようと思う」と言いました。そんな迷いの中でも、最後は挑戦する道を選んだ彼女。あきらめずに続けていれば、いつか必ず成功する。石川はそれを証明してくれました。

腸活ミニ野菜

3. ビジネスモデル

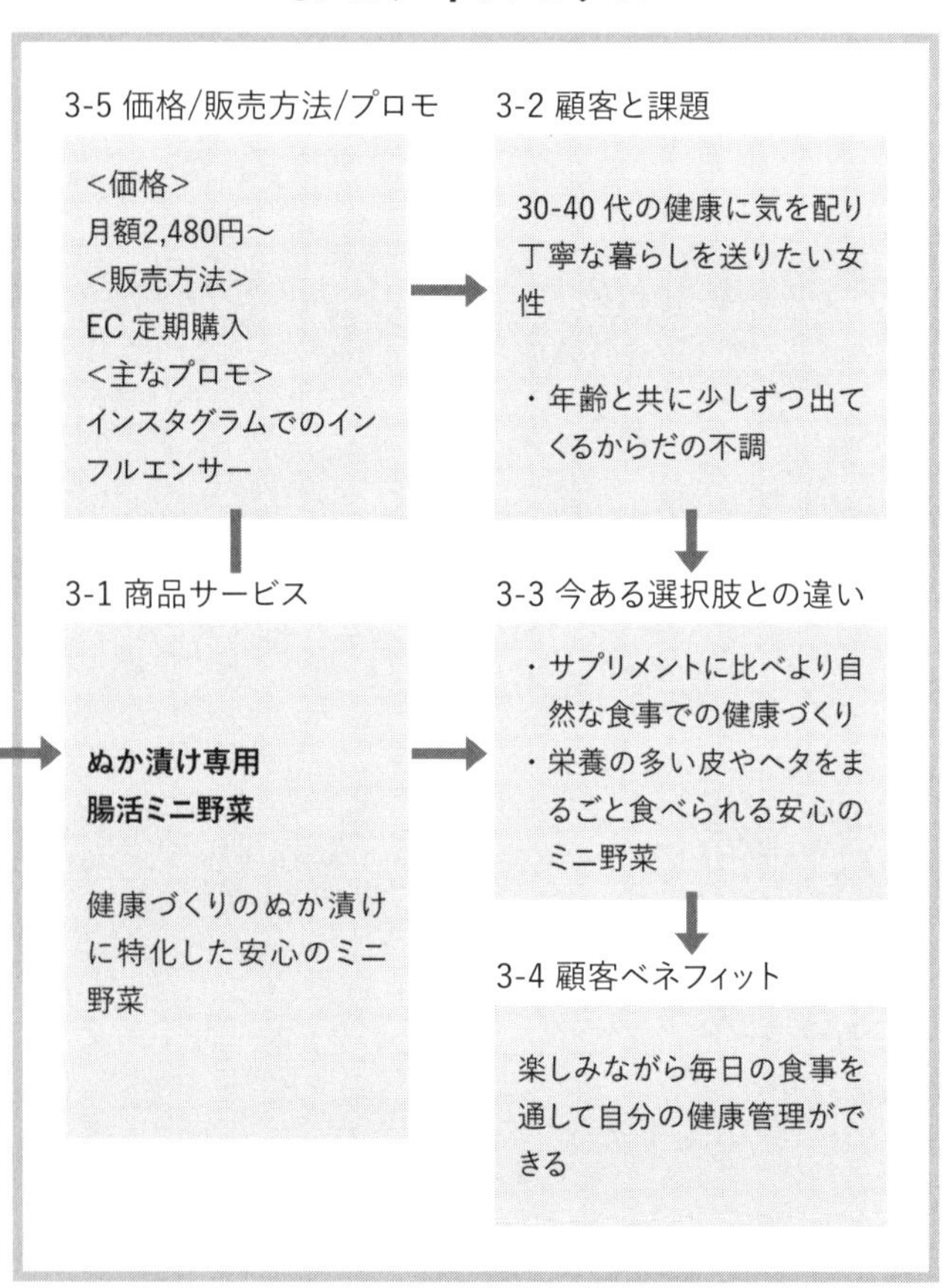

ソーシャルインパクト 農地活用した耕作放棄地（反）

腸活ミニ野菜

1. ソーシャルコンセプト

1-1【現状】誰のどんな課題&**原因**

農業従事者の高齢化が進む一方で、**跡継ぎがおらず、また農地を引き受けてくれる人もいない**ため、離農と共に耕作放棄地が増え、鳥獣被害や残された近隣農地への悪影響が出ている

1-3【HOW】原因への**対策**

耕作放棄地または手放したい農地を専門に、希望に応じて賃借または購入して生産を行う農業法人をつくることで、安心して農地を引き継げる選択肢をつくる

1-2【理想】実現したい姿

農地を安心して次の世代に引き継ぐことができ、農村地域での健全で良好な関係が維持されること

2. 制約条件

- 小さな農地が点在する条件での生産体制。大規模生産はできないので、価格競争はできない
- 環境負荷をおさえた有機農業
- 引き継ぐ農地はハウスよりも露地栽培が多い

事業が成功するかどうかは、続けるかどうかにかかっている

6社の事例を通して、事業の立ち上げ後の試行錯誤や方針転換、黒字化までの軌跡を、駆け足ではありますがご覧いただきました。

将来、これらの事業がどのように花開き、どれほど大きなソーシャルインパクトを出していくのかは僕にも分かりません。ただ、現時点では何をやっても響かず、事業の方向性がまったく見えなくても、あきらめずに修正を続けていれば必ずうまくいく瞬間がやってきます。

ですから、花開くまで続けてほしい。これが僕の願いです。

ソーシャルコンセプトがしっかり固まっていれば、あとは続けるかどうかだけです。続けていれば100%成功します。失敗するのは、途中でやめてしまうからです。

従来のビジネスは、ビジネスチャンスを狙って勝負に出ます。逆に、チャンスがないと分かれば撤退するのも早い。それに対して、**社会問題解決のためのビジネスは「何のために事業をやるか」が明確なので、儲からないからといってすぐにやめるわけにはいきません。**

ソーシャルコンセプトに沿って粘り強くやり続けていれば、ビジネスモデルは変わっていっても、いつか必ず成功します。「九勝一敗」、いや、「十勝〇敗」にすることだって不可能ではないはずです。

赤字会社がトライし続けるためのペイシェントマネー

起業家に対して「成功するまでやり続ければいい」と言えるために必要なのはペイシェントマネー、すなわち忍耐強いお金です。

事業資金は提供されたものの、早く独り立ちして返してほしいという空気だったら、起業家たちは安心して挑戦できません。事業が成功するまで何度でも失敗していい、という環境をいかにつくれるか。これが重要だと僕は思っています。

ペイシェントマネーを支えるのは、第１章でも紹介した恩送りの仕組みです。グループ内の黒字企業から拠出される資金が、ペイシェントマネーの原資です。

言い換えれば、赤字企業が何度でもトライできるのは、一方で稼いでいる会社の存在があるからです。グループ全体でペイシェントマネーを持ち続けるには、みんなが赤字状態を抜け出し、恩送りをする側に回らなければいけない。そういうみんなの連帯感が、ボーダレスグループにいる起業家たちに切磋琢磨の意識をつくり出しているのかもしれません。

終章

一人ひとりの小さなアクションで、世界は必ず良くなる

最終章となるこの章では、ボーダレスグループが描いている未来、そして、より多くの社会問題を解決するためにこれから必要なことについて触れてみたいと思います。

また、社会問題の解決に関わる方法は社会起業家になることだけではありません。一人ひとりが今の場所から始められることがあります。

何かを始めたいと思っているあなたにとって、一つでもヒントとなることがあれば嬉しく思います。

社会起業家と社会投資家をつなぐ「ソーシャルビジネス経済圏」をつくる

ボーダレスグループは、日本だけでなく、韓国、ミャンマー、バングラデシュ、ケニア、グアテマラ、フランスなど、世界15カ国で40のソーシャルビジネスを行っています。

しかし、これだけでは全然足りません。世の中にはまだまだ多くの社会問題があります。どうすればもっと多くの社会起業家が生まれるだろうか、社会起業家が増えていくために必要な社会システムとはどのようなものだろうか。いつもそんなことを考えています。

まずは、グループとして、**年間100社を立ち上げる。これが現在の目標**です。規模が大きくなるに従って、仕組みもどんどん変わっていくだろうと思います。

たとえば、資金。一つの新規事業に提供される事業資金は1500万円、だいたい2トライで成功している実績を考えると、1社立ち上がるのに必要なのは3000万円です。つまり、3000万円×100社＝年間30億円あればそれを実現できるということです。ただ、これだけの資金を今の恩送りの仕組みだけでまかなうのは難しくなります。

では、30億円をどう工面していくか。

今、社会起業家が増えてきているように、社会に対して投資したいという「社会投資家」も増えてきています。ところが、彼らは投資先がなくて困っています。僕のところにも投資信託やファンド、個人投資家から相談がよく来ます。

彼らの課題は何かというと、社会的投資をしたいのだけれども、本当に社会問題に対してダイレクトにアプローチしている会社は少なく、そして規模が小さい。金融商品やファンドをつくるためにはある程度の規模が必要ですが、その受け皿がない。つまり、**社会投資家はいるけれども社会起業家が足りないのが実態**なのです。

そこで、僕たちに話が来るのですが、今のボーダレスグループは恩送りの仕組みでどうにかなる規模なので、その必要はありません。でも、年間30億円が必要になる規模にまで成長したら、社会投資家たちの受け皿になることができます。ボーダレスグループでそうした母体をつくることで、社会起業家と社会投資家をつなぐ、ソーシャルビジネス経済圏をつくることができるようになります。

また、**最終的には銀行をつくろうと思っています。**銀行は、預金者から預かったお金を、企業などに貸して成り立っています。つまり、みなさんが預けたお金が、企業への融資につながるのです。

ところが、今ある銀行では、自分が預けたお金がどんな企業に融資されているか見えません。地球温暖化に悪影響を与える石油・石炭などの化石燃料を供給または依存する企業から投資資金を引き上げる「ダイベストメント」が今世界中で起こっているように、**自分が預けたお金がいい社会をつくっていくビジネスにしか融資されない銀行をつくる**ことで、投資家だけでなく、みんなが参加できるものにしたいと思っています。一部のお金持ちや力の強い人だけではなく、一般市民みんなが参加できる仕組みが、持続可能ないい社会づくりには欠かせないからです。

社会起業家を増やすためのヒントは、芸人にある？

日本に社会起業家をさらに増やすためにはどうすればいいのか。そこで参考にしたのが「芸人」です。ひと昔前まではテレビで見る芸人さんといえば、ダウンタウン、ウッチャンナンチャン、とんねるずといった今でいう大御所たちばかりでしたが、今はどのテレビ番組を見ても、司会やコメンテーター、リポーターまで芸人さんです。

なぜこんなに芸人が増えたのか？そのカギを握るのが吉本興業が運営するＮＳＣ。いわゆる芸人養成所です。

芸人の世界で成功するのは簡単ではないと分かっているのに、これだけ多くの若者が挑戦するようになったのはこの芸人養成所のおかげかもしれません。昔は、芸人を目指そうと思えば、誰かに弟子入りするしかありませんでした。ところが今は、芸人になりたいと思えば、芸人養成所に誰でも入ることができるのです。

そこで芸を磨いて自信が持てたら本格的に芸人を目指せばいい、自分は芸人には向いてないと思えば、他の道に進めばいい。その安心のステップができたことは、芸人を目指す人に

ボーダレスアカデミー

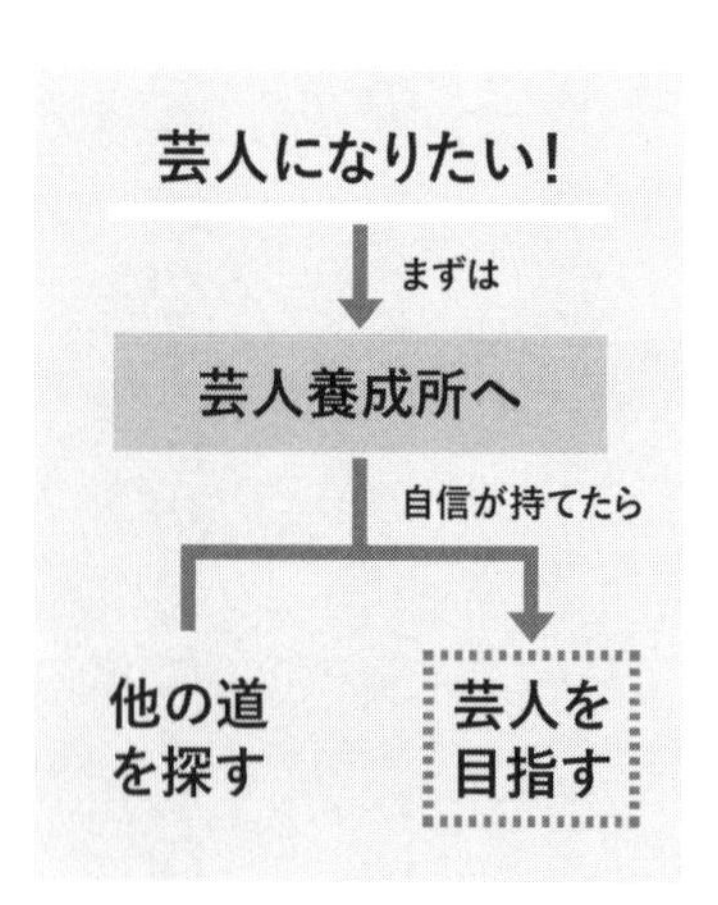

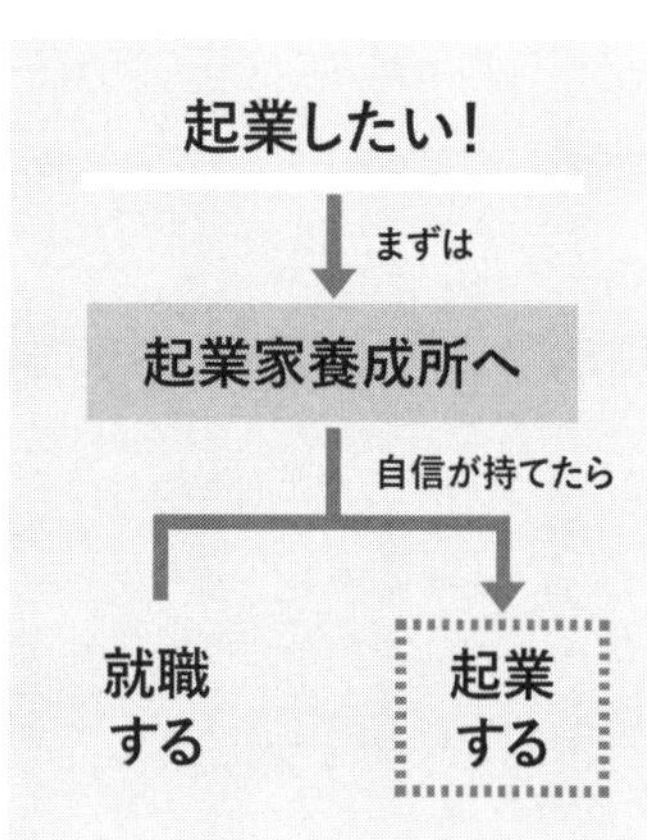

とって大きなことだったと思います。

そう考えると起業も同じです。書いたこともないビジネスプランを書いて、銀行に持っていき、親族を連帯保証人にして、いきなり借金です。一か八かの賭けに出ろ、ではいつまでたっても挑戦者は増えません。

起業したいと思ったら、まずは起業家養成所に入って起業のイロハを学びながら、ビジネスプランをたくさん書いてみる。そんな中で**自分が心からやりたい事業を見つけることができたら起業すればいいし、そうでなければいったん就職すればいい。**

今までたくさんのソーシャルビジネスを立ち上げてきたボーダレスグループこそ、

この社会起業家養成所をつくらないといけないと思い、2018年10月に「ボーダレスアカデミー」を創設しました。

多くの人が安心して社会起業に挑戦できるように、今まで培ってきたノウハウをこの**社会起業家養成所**に100％注ぎ込んでいます。ビジネスのつくり方を教えるだけでなく、実際に事業計画書を完成させて卒業できるように伴走します。

「日本に社会起業家を増やそう」という呼びかけに賛同してくれた、第一線で活躍する経営者やマーケティングスペシャリスト、そしてボーダレスグループ各社の社長たちがアドバイザリーボードとして参加し、アカデミー生のビジネスプランに対して直接フィードバックをする本格的なプログラムです。

開校以来、**今までに約350名が受講**しており、日本には社会起業家を目指す人がこれだけいるのかとそのポテンシャルの大きさをひしひしと感じています。

今後は、卒業後のサポート体制も充実させ、日本における社会起業家を増やす「社会システム」と言えるように、様々な企業にも参加してもらいながらオールジャパンの取り組みに発展させていきたいと思っています。

数百、数千という会社数になっても、合議制は変えない

グループ会社が100社、500社、1000社と増えていっても、その仕組みの基本設計は維持していくつもりです。つまり、最高意思決定機関は社長会であり、全員の合議制で決めていく、ということです。

グループに集う社長が1000人に増えたとしても、誰か1人のトップが最終決定をする形にはなりません。社会起業家一人ひとりが主体の組織であることは絶対に変えません。

もちろん、サイズに合わせた修正は必要です。1000人が一堂に会して全員合議で決めるのは無理がありますし、顔の見える範囲を超えるとどうしても他人事になってしまうので、地域や業種でグループ分けすることなどが必要になってくるかもしれません。

たとえば、日本国内のことは日本の会社の社長だけが集まって決めていく。あるいは、地域単位では人数が多すぎる場合は、レイヤーを一つ落として、業種単位でグループ分けをする。農業分野だけで30～40社に増えたら、農業分野の社長会を立ち上げて、そこで合議制による意思決定を行っていくといった形です。もちろん、その場合は社長会とは別に、地域・

業種を超えた連携機能を加えていく必要があります。

このグループ分けは現時点で僕が仮説として持っている一つのアイデアにすぎず、こうしたステージに応じた設計の一つひとつもまた社長会で話し合いながら、みんなで決めていきます。間違ったら修正する、起業と同じように、このグループの仕組みも実験を繰り返しながら、起業家の相互扶助コミュニティの設計図をつくり上げていきたいと思います。

ボーダレスグループの仕組み自体をグループ外にも広げていく

ボーダレスグループに参加してくれる仲間をこれからも募っていきます。ただ、いくら加速しようとも僕たちだけでは社会問題は解決できません。世の中全体で社会問題に取り組んでいくためにも、この**ボーダレスグループの仕組みを、ぜひ多くの人に活用してもらいたい**と思っています。

本書でもご紹介してきた通り、この仕組みの根幹となるのは、次の2つです。

・恩送り――社会を良くしたい人たちが集まって、事業資金をサポートし合う仕組み

・ＭＭ会議――起業家同士が集まって、お互いの経営課題を相談し合う場

この**殺伐とした資本主義社会において、誰かに受けた恩を次の人に送る「恩送り」でつながる関係性というのは、とても温かく、人としてすごく素直なあり方**だと思います。そして、その相互扶助コミュニティの実態をつくっているのが、４人組でお互いの課題を話し合うＭＭ会議です。

今までは、起業に挑戦するというのは孤独な戦いでした。でも、必ずしもそうする必要はないのです。チャレンジャーこそ、みんなで助け合う関係性を求めています。**みんなで助け合えば、一人が孤立してやるより、社会はもっと早く、もっと良くなる**と思います。

たとえば、介護業界を良くしたいと考える人がいます。一人で頑張るのは大変なので、志を同じくする何人かで集まって、恩送りの仕組みを導入してみてはどうでしょうか。必ずしもボーダレスグループのように１００％出資関係にする必要はなく、会費というような形でもいいでしょう。みんなで資金の一部を拠出し合って、新たなチャレンジのサポートに充てるという形でもいいでしょう。そして、ＭＭ会議のような場を設けて、月に一度集まって、仲間同士で経営課題を相談し、ノウハウを共有し合う。そんなふうに助け合える仲間がいる

のは、みんなにとって大きな力になります。

この仕組みは、他にも様々な業界で活用できます。

たとえば飲食店業界。飲食店の多くが個店経営していますが、もっと連携し合うのもいいかもしれません。ここでも志を同じくするみんなで一つのチームをつくり、その資金の一部を恩送りとして、新規出店する仲間の開店資金のサポートに充てる。

そうすると、当然、開店後はみんなで応援するだろうし、応援された人は早く黒字にして、恩を送る側に回りたいと思うでしょう。それは、単なる競争相手とか良きライバルとかを超えた「この地域をみんなで盛り上げていこう」という素敵な関係になるはずです。

大切なのは、何のために集うのか、です。日本の介護福祉を良くしたい、この地域を元気にしたい、といった「同じ志」を持つ人たちで集まることが大切です。

実は、恩送りのような相互扶助の仕組みは、すでに昔からあったようです。たとえば、**沖縄には今も模合（もあい）と呼ばれるものがあります。**

模合とは、大体10人程度から成る顔の見えるコミュニティです。銀行のなかった時代、貧しい人々がどうやって貯金していたかというと、コミュニティのメンバー同士で預け合っていたのです。模合では、メンバーが月1回、一定額の金銭を持ち寄ります。その全額を毎月1人ずつ順番に受け取ることで、まとまったお金を手にすることができます。

たとえば、12人で毎月5000円ずつ持ち寄る模合があったとすると、毎月6万円が集まります。メンバーには12カ月に一度、その6万円を受け取る順番が回ってきます。この仕組みがあることで、生活が苦しい中でも年に6万円を貯めることができるというわけです。また、月に1度は必ず集まるので、お互いの安否確認もできます。

僕はこれを、沖縄出身の妻から聞きました。沖縄では今でも模合の習慣が残っていて、学生時代の同級生や職場の仲間などでつくるいろんな模合があります。僕も妻と結婚するとき模合に挨拶に行きましたが、結束が固くて、メンバーが絶対に孤立しない。その関係性がすごくいいな、と思いました。

ボーダレスグループの恩送り経営は、この模合に通じるものがあります。僕たちが**実験を繰り返している、この相互扶助の仕組みをみんなが活用できるシステムとして提供していきたい**と考えています。会社単位や事業単位はもちろん、地域単位、個人単位などいろんなところで使えたら、みんながもっと助け合いながらやっていける、より良い社会になるんじゃないかと思っています。

創業者が長くいるのはよくない。代表は任期制がいい

ボーダレスグループは社会起業家たちが主役の会社です。そう言っておきながら、テレビや新聞などメディアにはそのグループ代表者として僕が登場しています。そして40あるソーシャルビジネスのことを、あたかも自分の会社のように語っていますが、それはよくないと思っています。

そうした考えから、以前は取材は一切受けないと決めていました。でも、無名のまま思想だけ高く掲げていても、いつまでも社会は変わりません。そこで、社会起業家をたくさん増やすために、まずは会社の知名度を上げようということで、2年ほど前にはじめて広報チームをつくり、一定期間僕が前に出ていくことにしました。

それもそろそろ終わりにしようと思っています。今年から講演もやめることにしました。これからは、ボーダレスグループのことについて知りたいという講演依頼にはグループ各社の社長たちが応えていきます。彼らが主役の会社ですから、あるべき姿に戻していきます。

ただ、いくら社会起業家が主役だといっても、やはり創業者の存在は大きいものです。会社が大きくなっていくに従って、組織というのはリーダーを求めるようになります。おのずと強いリーダーシップを持つ創業者への依存が始まります。それが会社をダメにするのは歴史を見れば明らかです。

僕たちがつくろうとしているのは、「リーダーシップ」による統治ではなく、みんなで助け合う仕組み「エコシステム（生態系）」です。エコシステムに創業者という特別な存在は邪魔になるため、僕がいつまでもグループの代表でいることは弊害になると思っています。

それなので**2025年に僕は代表を降りようと思っています。**創業者としてやるべき仕事は、このエコシステムの原型、そしてその土台をつくること。具体的な土台とは、年間100社が誕生する仕組みをつくること。それを2025年までに実現する。そこまでが創業者としての仕事です。

その後は、グループの代表は任期制で回していくのがいいと思っています。2年ごとなど順番でやるのがいいでしょう。それもまた社長会で話し合って決めますが、代表を経験した人は代表を支えることもできます。そんな人がたくさんいる組織、ボーダレスグループはさらに強くなるでしょう。

では、２０２５年以降は何をするかというと、もちろんボーダレス・ジャパン自体を辞めるわけではありません。スタートアップスタジオの一リーダーとして社会起業家の育成・支援は続けていきますが、社会起業家支援で培ったこのノウハウを今度は政治の世界にも展開していきたいと思います。

社会が良くなるためには、その実態経済であるビジネスのあり方が変わっていかないといけないことは本書で述べた通りです。そしてもう一つ、社会の方針を決め、予算配分をする政治も変わらないといけません。社会のために起業したいと思った人がチャレンジできるための仕組みをつくろうとしたように、**本気で社会を良くするために政治家になろうとする「社会政治家」をサポートする仕組み、これが必要だと考えています。**

もちろん、政治家こそ、そもそも社会政治家でしょうが、今の政治家たちを見ていて、そうとは言い切れないのが現状です。**お金や支持基盤がなくても、社会を良くするために活動したいという人が、個人リスクなく立候補し、当選できる仕組みが必要**です。子育て中の女性や障がい者、ＬＧＢＴＱ当事者など、様々な人たちが議員として参加する。そういうダイバーシティが議会に担保されてこそ、社会の声を反映するいい政治ができると思います。

毎朝街頭で大きな声を出して演説するのは苦手でも、その地域社会のために本当に必要なことをしっかり考え、弱い人の立場にたって議論することはできる。そういう小さな、でも

本当の社会政治家がたくさんいる地域は必ず良くなっていくはずです。そんな社会政治家がたくさん誕生する仕組みをつくり、僕たちの生活に直結する地方議会から変えていきたいと思っています。

まずは一人ひとりが「ちゃんとした消費者」になる

ここからはボーダレスグループの未来の話から少し離れて、僕がよく受けるある質問にお答えして、本書を締めくくりたいと思います。それはこんな質問です。

「自分も世の中を良くするために何かできればと思っています。それには社会起業家にならなきゃだめですか？　それが難しいとしたら、いったい何から始めたらいいでしょう？」

当然ですが、みんなが社会起業家になる必要はありません。起業したり何かを自分で一からつくったりするのはハードルが高いと感じる人は、「ちゃんとした消費者になる」ところから始めてみましょう。なぜなら、消費者のパワーはものすごく大きいからです。

ソーシャルビジネスの役割は、より良い社会をつくるための新たな選択肢を消費者に提示することですが、一方で、その**新たな選択肢を受け取る消費者がいなければ成立しません。つまり、提示する人も大切だけれど、受け取る人も大切。その両方の存在があってはじめて社会は良くなっていく**のです。

そのためには、まず一人ひとりがちゃんとした消費者になることが重要だと思います。より良い社会をつくるために、「正しい選択をしながら生活していく」ということです。たとえば、どのような電気を使うのか、どのような服を買うのか、どのような食べ物を選ぶのか。盲目的に「これが一番安いから買う」という消費行動が社会問題を助長していることを知ることからスタートです。

「エシカル消費」という言葉をみなさんも聞いたことがあると思います。環境への負荷軽減や社会問題の解決につながる商品やサービスを購入することで、**消費者の立場から社会づくりをする消費活動**のことです。

たとえば服を買うなら、環境汚染の原因である農薬を使わずに育てられたオーガニックコットンや、リサイクル素材の服を選ぶ。また、電気なら地球温暖化の原因である二酸化炭素を排出する火力発電よりも、地球に優しい自然エネルギー100%の電気を使う。

反対に、ただ単に安いという理由で選んだ服は、その背景に児童労働の実態があるかもしれません。知らなかったとはいえ、自分の消費行動が子どもの貧困問題に加担している場合だってあるのです。

自分がお金を払っている商品やサービスにどんな「背景」があるのか。何かモノを買うときは、一瞬立ち止まってその背景に想いをめぐらせ、自分の消費行動が社会にどういう影響を与えるのかを考えて、お金の使い方を決める。少し堅苦しく聞こえるかもしれませんが、実際やってみると、ただ安いものを買うよりも、社会を良くする選択をしたという実感は、楽しく心地良いものだと気づくでしょう。「利他的な行動をする人は、より幸せである」という研究結果もあるそうです。

消費者が買わない商品をつくっている企業は、存続できないのです。僕たちが投票しない政治家は、当選できないのです。つまり、**僕たち市民は、どんな大企業より、どんな大物政治家よりも大きなパワーを持っています。**そのことを忘れないことが大切です。

社会問題に対する無関心な人が増えていると言われていますが、その多くは本当のことをちゃんと知らないだけ。つまり、**「無関心」なのではなく「未認知」**なのです。その事実をちゃんと知れば、行動が変わる人もたくさんいます。だから、あなたが知ったことを大切な家族や友人に伝えてください。そうやって、**自分の周りの小さな世界から「いい生活者」を増やしていくことは、とても大きな社会づくり**です。

小さな「マイプロジェクト」を立ち上げてみよう

行動は起こしたいけれど、起業する勇気はないという人は、小さなプロジェクトを立ち上げることから始めてみてはどうでしょうか。気の合う仲間と2人くらいのサイズ感なら、それほど難しく考えずに始められるのではないでしょうか。必ずしも最初から生業にする必要はありません。今の会社に勤めたまま副業的に始めるのだって、大いにありです。

事業というと、大きくしなければならないとか、組織づくりが大変とか、そんなイメージがありますよね。あるいは、自分は社長の器ではないとか。そんなふうに悩んで行動に移せない人もいます。だったら、**事業は大きくしなくていいし、無理して組織をつくらなくていい。**これが僕の考え方です。

僕は**2～3人程度の少人数で運営するマイクロ起業はすごく面白いし、可能性を秘めているの**ではないかと思っています。1人で始める個人事業主は寂しいけれど、気心知れた仲間と2～3人でプロジェクトとして立ち上げる（議論ばかりにならないようには、要注意です）。せっかくなので、小さくても最初からビジネスとして持続可能なスキームにトライしましょう。

この小さな規模であれば、何のためにやるのかさえ途中でブレなければ、必ず続けられます。この本でご紹介したソーシャルコンセプトから考えてみてください。そうして、月10万円でも20万円でもお金がまわり始めたら、そのプロジェクトを少しずつ拡張して本業にしていけばいいのです。肩ひじ張らず、自分のペースでやってもいいのです。

何かできそうな気がしてきませんか?

いや、自分はいきなり全力でやりたいんだ、という方はボーダレスグループがお待ちしております。社会問題解決のためのビジネスの取り組み方にも、いろいろな選択肢があることが大切だと思います。

みんなが「ハチドリのひとしずく」の精神で

一人ひとりがそれぞれの立場で、今できることをやる。その想いを込めて立ち上げた「ハチドリ電力」の話を最後にさせてください。いま世界が直面する大きな課題である気候変動に対して、みんなが参加できる事業です。

地球温暖化の原因である二酸化炭素。実は、日本全体におけるCO_2排出量の約4割がエネルギー転換部門、主に発電によるものなのです。このインパクトの大きさこそが、いま世界が「脱炭素社会」に向けて、火力発電から自然エネルギーへの転換に大きく舵を切っている理由です。

つまり、自宅やオフィスの電気の切り替えは、みんながすぐに実践できるCO_2削減効果の大きな環境活動なのです。

そこで始めたハチドリ電力は、ただ自然エネルギーを届けるだけでなく、２つの大きな特徴があります。

ハチドリ電力の仕組み

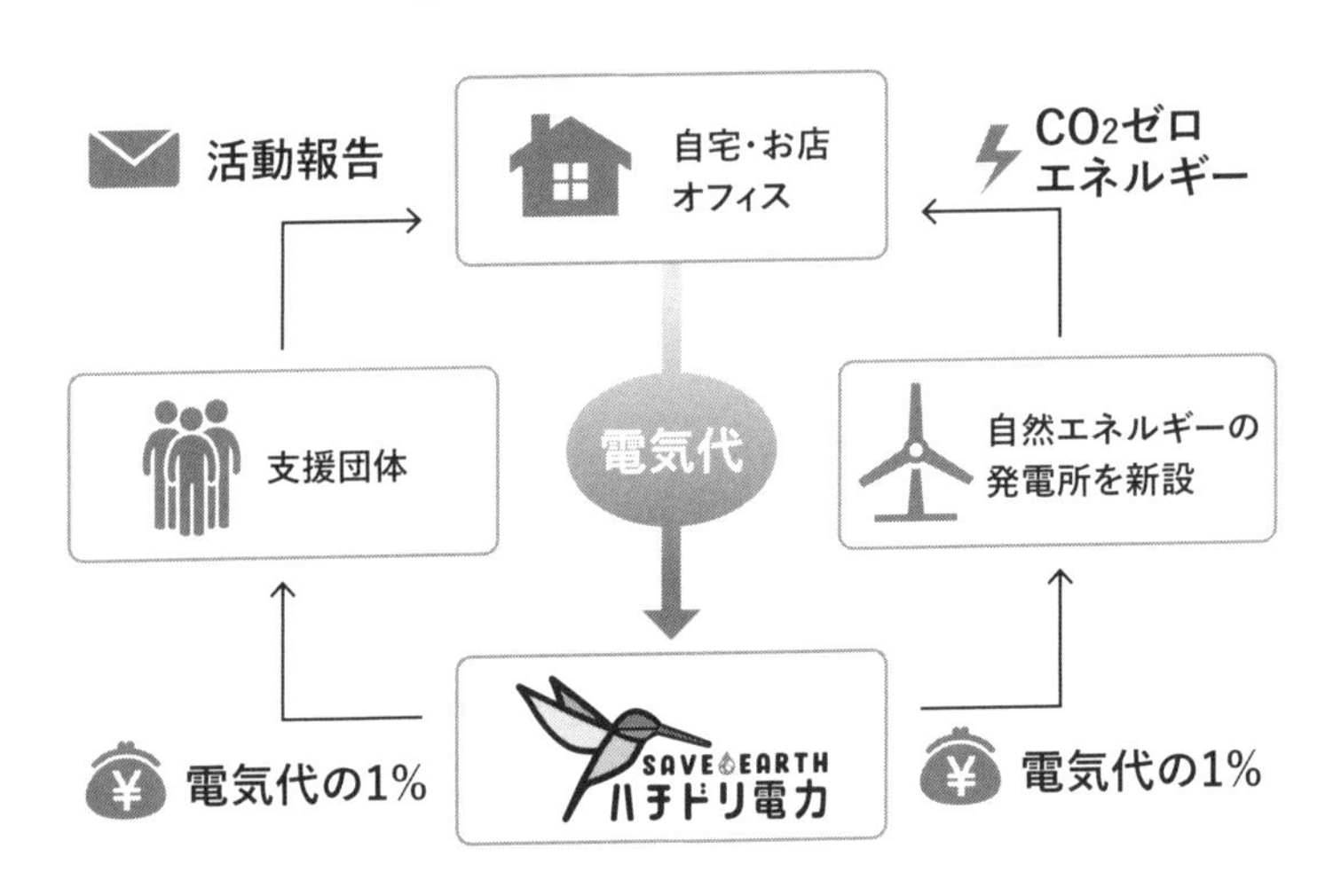

1つ目は、毎月の電気料金の1%が新たな自然エネルギー発電所をつくる資金になります。つまり、CO_2を出さない電気を利用することで地球温暖化に加担しないだけでなく、実際に自然エネルギーの発電量を増やすことにも貢献できる仕組みです。

そして、2つ目。同じく電気料金に含まれるもう1%が、自分の応援したい非営利活動に毎月自動寄付されます。NPOやNGOの活動を支援したいという創業当初の想いをやっとカタチにすることができました。

日本中の電気代の1%が毎月、NPOやNGOの支援に回れば、彼らの活動を支えるとても大きな安定財源になります。そうすれば、環境だけじゃなく、社会ももっと良くなっていきます。

僕の役割は社会起業家をサポートすることなので、本来自分が一事業の陣頭指揮をとることはありません。しかし、**ハチドリ電力だけは自分がリーダーとなって約1年前にスタートさせました。その理由は時間がないからです。**

世界全体のCO_2排出量を2030年までに約半減、2050年に実質ゼロにしなければ、地球温暖化は不可逆になると世界中の科学者たちが言っています。その先にあるのは自然災害の頻発だけでなく、氷河や永久凍土が溶けることによる新たなウイルス感染の拡大（コロナウイルスのあとにもパンデミックが必ずやってくると言われているのはこのためです）、そして異常気象による食料不足です。残された時間はわずか。地球温暖化はタイムリミットが迫っている問題なのです。

できれば信じたくないですよね。受け入れたくない事実です。

この分野の専門家たちともたくさん話しました。「田口さん、知ってると思うけど、もう手遅れなんじゃないかと言ってる科学者たちもいるよね」とも言われました。

でも、そんなときにいつも思い出す物語があります。

森が燃えていました
森の生きものたちは
われ先にと逃げていきました
でもクリキンディという名のハチドリだけは
いったりきたり
くちばしで水のしずくを一滴ずつ運んでは
火の上に落としていきます
動物たちがそれを見て
「そんなことをしていったい何になるんだ」といって笑います
クリキンディはこう答えました
「私は、私にできることをしているだけ」

（辻信一監修『ハチドリのひとしずく』光文社より）

これは、「ハチドリのひとしずく」という南アメリカの先住民に伝わるお話です。
ハチのように小さい鳥のハチドリが、その小さなくちばしで水を1滴ずつ運んでも、山火事なんて消えないよ、どうせ変わらないから無駄なことはやめな、と逃げていく大きな動物たちに笑われます。それでも「何もやらないよりはやったほうがいい」と、水を運び続けたハチドリ。

僕はこの物語がとても好きで、毎年夏になるとハチドリの刺繍が入ったTシャツを着ています。クリキンディが教えてくれることは、**僕たちは「微力」ではあるかもしれないが、「無力」ではない**ということです。

この**ハチドリの精神をみんなが持てば世界は変わる。**その想いを込めて「ハチドリ電力」という名前をつけました。

他の事業にも同じことが言えます。その事業一つが成功したからといって、その社会問題が一気にガラッと解決されるわけではないかもしれません。

それでも、**何もやらないよりはやったほうがいい。大きな問題が目の前にあるのに、困っている人がそこにいるのに、どうせ無理だ、理想論だと言う傍観者ではありたくない。**そういうクリキンディたちが集まっているのがボーダレスグループなのです。

10年後、20年後、ボーダレスグループがどうなっているかは、僕自身にも分かりません。でも、ここに集うクリキンディたちは、誰から何と言われようとも、自分たちにできることを全力でやり続けていることだけは確かです。

「生まれた時よりも、きれいな社会にして死んでいく」

最後に、僕のモットーを記して筆をおきたいと思います。

同じ時代に生きるみなさんと、きれいな社会をつくっていけたら幸いです。

※本書の印税はすべて、自然エネルギーの発電所をつくる
「ハチドリ基金」に寄付されます。

ハチドリ電力

〈著者略歴〉

田口一成（たぐち・かずなり）

株式会社ボーダレス・ジャパン代表取締役社長

1980年生まれ。福岡県出身。大学2年時に発展途上国で栄養失調に苦しむ子どもの映像を見て、「これぞ自分が人生をかける価値がある」と決意。早稲田大学在学中に米国ワシントン大学へビジネス留学。卒業後、株式会社ミスミ（現・ミスミグループ本社）を経て25歳で独立し、ボーダレス・ジャパンを創業。現在、世界15カ国で40のソーシャルビジネスを展開し、従業員は約1500名、グループ年商は55億円を超える（2021年4月現在）。

2018年には、「社会起業家の数だけ社会問題が解決される」という考えのもと、社会起業家養成所ボーダレスアカデミーを開校。2020年には、誰もが参加できる地球温暖化対策として、自然エネルギーを広めていくための電力事業「ハチドリ電力」を自ら立ち上げた。

次々と社会起業家を生み出すボーダレス・ジャパンの仕組みは、「グッドデザイン賞（ビジネスモデル部門）」「日本でいちばん大切にしたい会社大賞・審査委員会特別賞」を受賞。
また個人としても、日経ビジネス「世界を動かす日本人50」、Forbes JAPAN「日本のインパクト・アントレプレナー35」に選出。
『ガイアの夜明け』『カンブリア宮殿』（ともにテレビ東京系）など、メディア出演も多数。いま最も注目されている起業家の一人。本書が初の著作となる。

TED × Talks
「人生の価値は、何を得るかではなく、
何を残すかにある」

編集協力——前田はるみ
図版作成——桜井勝志

9割の社会問題はビジネスで解決できる

2021年6月10日　第1版第1刷発行
2024年11月15日　第1版第8刷発行

著　者　田口一成
発行者　永田貴之
発行所　株式会社PHP研究所
東京本部　〒135-8137　江東区豊洲5-6-52
ビジネス・教養出版部　☎03-3520-9619（編集）
普及部　☎03-3520-9630（販売）
京都本部　〒601-8411　京都市南区西九条北ノ内町11
PHP INTERFACE　https://www.php.co.jp/

組　版　有限会社エヴリ・シンク
印刷所　TOPPANクロレ株式会社
製本所　株式会社大進堂

　ISBN978-4-569-84913-3